実話怪談

牛首村

竹書房文庫

まえがき

吉田悠軌

最初に釘《くぎ》をさしておこう。

「牛の首」という怪談は存在しない。しかし「牛首村《うしくびむら》」は存在する。

この世でもっとも恐ろしいとされる、しかしどんな話なのか誰も知らない怪談。それが「牛の首」だ。

なぜ、いっさい内容が知られていないのか？

それは恐怖のあまり人々が語らず口をつぐむから。あるいは文字通り「死ぬほど恐ろしい」ので聞いたものは命を落としてしまうから。などなど、様々な理由が述べられている。

しかしもちろん「牛の首」などという怪談は、はじめから存在しない。

究極に恐ろしい謎がある……と触れ込むだけで、人々は勝手に恐怖をふくらませる。というより「恐怖」とは、不明なものを想像することで増長されるのだ。

そうした怪談の構造そのものを利用した、一種のメタ怪談が「牛の首」である。

ただし「牛首村」は実在する。

といっても、それはあくまで石川県の河北郡《かほくぐん》津幡町《つばたまち》や白山市《はくさんし》白峰《しらみね》などにあった旧地名として、だ。牛頭天王《ごずてんのう》を鎮守に祀《まつ》った村だから牛首の名を冠しただけであって、それ以上のいわく因縁はない。かつて北陸にあった「牛首村」は、別に恐ろしい秘密の村でもなんでもないのだ。

しかしそれでも、津幡町の「牛首トンネル」は心霊スポット扱いされてしまう。たとえ過去になにも起こっていなかろうと、石川県で最も有名な心霊トンネルと噂されてしまう。おそらくそれは「牛」「首」という、どこかおどろおどろしい言葉によるのだろう。怪談「牛の首」と同じように、恐ろしげな触れ込みさえあれば、人々はなにもない空間に、勝手に恐怖の想像を入れ込んでしまうのだ。

そういった意味では「牛の首」も「牛首トンネル」も、恐怖のメカニズムを如実に表す好例でもあるのかもしれない。

となると、そんな牛首トンネルと同じ北陸に「坪野鉱泉《つぼのこうせん》」があること、映画『牛首村』

があそこをロケ地としたことは、まったく不思議な偶然だ。

なにもない空間に、人々の恐怖の想像がどんどん注入されてしまうという恐怖のメカニズム。「坪野鉱泉」ほど、その仕組みが強烈に働いてしまった心霊スポットは、ちょっと他に見当たらない。

九〇年代に起きたある事件によって、富山県という土地に渦巻いていた負の歴史、地元民たちの闇の感情が、「坪野鉱泉」へと流入していった。まるで台風の目という穴に向かって、空気が流れ込んでいくように。

私たちの恐怖のあり方を知るために、「牛」「首」「村」は、まったく恰好のテーマなのだ。

牛首の「村」や、その他の「村」で、いったいどのような怪談が語られているのか……。

それらを知るため、まずは本書を紐解《ひもと》いていただきたい。

SKC

目次

廃村の歩き方　栗原 亨　67

海王丸パーク

富山県射水市の沿岸部にある帆船・海王丸を中心としたベイエリア（撮影：吉田悠軌）

ホテル坪野

富山県魚津市に残るホテルの廃墟。本作の舞台となる（撮影：吉田悠軌）

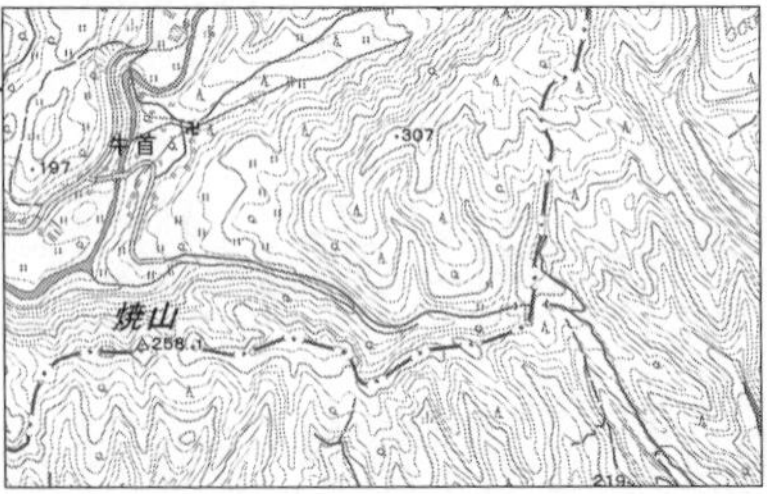

牛首トンネル

富山県と石川県の県境にあるトンネル。北西部に「牛首」という集落がある（地理院地図を使用）

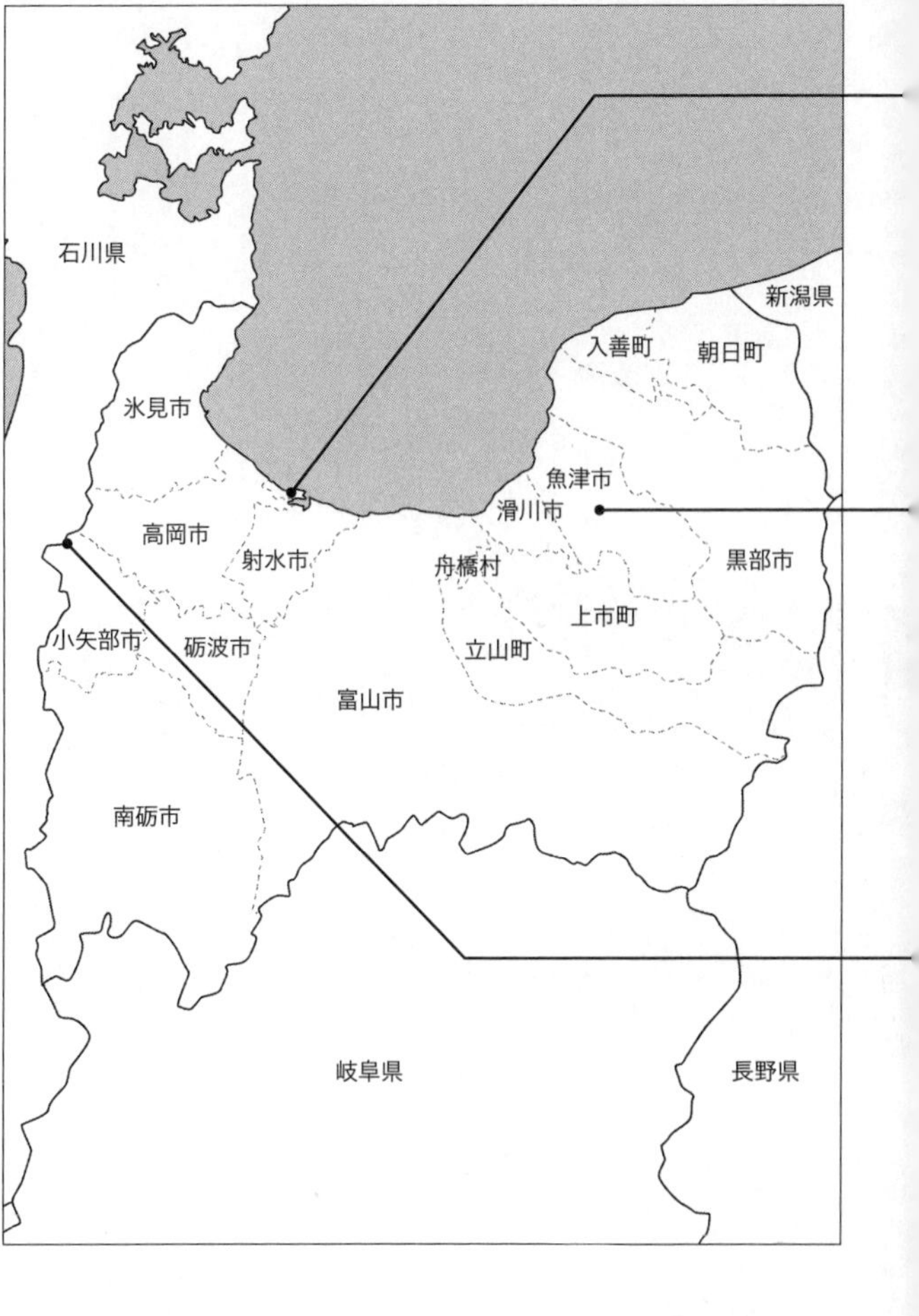

石川県
新潟県
入善町
朝日町
氷見市
魚津市
滑川市
高岡市
射水市
舟橋村
黒部市
上市町
小矢部市
砺波市
立山町
富山市
南砺市
岐阜県
長野県

warning

本書の記事は、当該ホテル跡を訪れることを意図したものではありません。

内部には崩落している箇所があり、重大事故につながりかねない大変危険な状態です。

また、私有地ですので無断侵入は止めてください。

近隣住民の迷惑になるような行為（大声、花火、ごみの放置、落書き）もしないようにしてください。

坪野鉱泉怪談紀行

吉田悠軌

吉田悠軌（よしだ・ゆうき）

怪談サークルとうもろこしの会会長。怪談の収集・語りとオカルト全般を研究。

著書に『オカルト探偵ヨシダの実話怪談』シリーズ（岩崎書店）、『一生忘れない怖い話の語り方』（KADOKAWA）、「恐怖実話」シリーズ『怪の残滓』『怪の残響』『怪の残像』『怪の手形』『怪の足跡』（以上、竹書房）、「怖いうわさ ぼくらの都市伝説」シリーズ（教育画劇）、『うわさの怪談』（三笠書房）、『日めくり怪談』（集英社）、『禁足地巡礼』（扶桑社）など、共著に『実話怪談 犬鳴村』『怪談四十九夜 鬼気』など。

月刊ムーで連載中。オカルトスポット探訪雑誌『怪処』発行。文筆業を中心にTV・映画出演、イベント、ポッドキャストなどで活動。

1

一七六八年、旧暦の六月末頃。

俳人である堀麦水《ほりばくすい》は、放生津《ほうじょうづ》の湖を訪れた。現在のロケーションでいえば、富山県・伏木《ふしき》富山港の射水《いみず》市側、「新湊《しんみなと》地区」となる。

怪談収集マニアを自認する麦水なので、ここでも地元民の「松氏」から色々な体験談を取材したようだ。

「ふむ。このあたりで、最近聞いた実話怪談となると……」

松氏は、考え込むようにうつむいて。

「怖い話かどうかは保証できませんがね。ここ最近、放生津の湖にまつわる不思議な出来事が三つ、起こりましてね」

——一つ目。

ここでは田作りのため、湖底の栄養価が高い泥土《でいど》をすくっています。ただこのところ、現場の作業員たちがなにものかに後ろから抱きつかれ、そのまま水死するという事故が相次ぎまして。

これはもしかして、湖に昔から棲《す》みつく「アカエイ」の仕業ではないか。まず、そんな噂がたちました。そのアカエイは非常に体が大きいため、橋の向こうへ進むことも海に出ることもできず、湖のヌシとなっているのですね。

ただ次に、真相はスッポンの祟りである、との話が流れました。誰かの夢にて、そのようなお告げがあったとかなんとか……。確かに、エイの攻撃方法は尾の棘《とげ》で刺してくるものだから、「後ろから抱きついてくる」なら亀の類である可能性が高い。

そこで今年から、湖上の人工島に「亀の宮」を建立し、三月十七日から「亀祭り」を催すようになったのです。

――二つ目。

湖の西側に放生津城の跡地がありますよね。ここには千年を経た桑《くわ》の古樹があるのですが、そこに棲む蛇が、夜ごと鳴き声をあげている、という奇妙な報告がありました。これもまた、放生津の水難事故と関係しているとかいないとか……。

——三つ目。

例の亀祭りの最中、湖に多くの遊船がくり出したのですがね。皆さんがいくら網を入れても魚一匹とれなかったところ……私がひょいと網を投げ入れたら、とたんに巨大な鮒《ふな》を釣り上げてしまいまして。

「……とまあ、一つ一つは大したことのない珍事です。実話怪談なんて呼ぶのも大げさですよね。ただ私見ですが、このバラバラに見える現象、実は一まとまりの事件なのではないか、とも思うんですよ」

なぜなら松氏の知り合いの知り合い——仮にAさんとしよう——が、ここ最近、奇妙な体験をしたからだという。

Aさんは三十を過ぎても気ままな独身暮らし。定職にも就かず、書を学んでもダメ、仏門修行もモノにならず、ことごとく挫折。まあ後の時代でいうところの、無気力ニートである。

その日もAさんは、放生津の湖のほとりで、ぼんやり日光浴していたというから気ままなものだ。

そうこうするうち、体がすっかり火照《ほて》ったので、水浴びでもしようかと思いたった。しかし湖岸あたりは水草が繁茂しており、足をくすぐる感触が気持ち悪いし、悪臭もひどい。ずいずいと湖の中へと進んでいったAさんは、水上に、壊れた船が放置されているのを発見。これ幸いと船上に寝転んでみると、ちょうど夕暮れ時の涼やかな風も吹き始め、いつしかすやすや眠りについてしまったそうだ。

——ふと目を覚ますと。

Aさんは、体の具合も周りの風景も、なにもかもおかしな風になっていることに気がついた。

なんと、自分はいつのまにか黄色くて大きい鮒となり、水中を泳いでいるではないか。どうも湖の中のようだが、そのうち城のような場所にたどりつく。するとそこでは河伯《かはく》（河川の神）をリーダーに、水棲生物たちによる会議が開かれていた。

「最近、湖にて人間の作業員たちが次々と水死する事件が起きている。住処《すみか》を荒らされて怒ったアカエイが、部下のスッポンを使って殺害行為を繰り返しているのではないか。となれば、これは法にしたがって罰さざるをえない」

河伯の尋問に対し、アカエイが反論する。

「違います。人間たちのせいで、泥の中に住むスッポンの子どもたちが次々と踏み殺されているのです。だから、それを阻止《そし》せんとスッポンが抵抗しただけです」

またスッポンも主張した。

「私だって殺す気などありませんでした。ただ子供を踏ませまいと抱きついただけなのに、水に不慣れな人間たちが亡くなってしまったのです。私にだって非はありますが、それを言うなら」

スッポンの訴えは、次第にヒートアップしていく。

「このところの人間たちの環境破壊は目にあまりますよ。放生津城跡の千年桑に棲む蛇も泣いています。『このままでは人間たちが、私が住む古木を焚《た》いて、スッポンを退治しようとするだろう。そうしたら自分の住処まで失われる』と……。このままでは負の連鎖が続いていきます。河伯様のお力で、なんとか事を収めてください」

彼らは陳述を重ね、正当なる裁きを期待した。

「それならば」と河伯は提言する。

「お前たちはもう人に害をなすな。その代わり、村人たちにも働いてもらう。湖の真ん中の人工島に、亡くなった子亀たちを祀るための祠《ほこら》を建てさせ、鎮魂のための祭りを催させるのだ。これで手打ちとしようではないか」

続いて河伯は、鮒の姿のAさんをじろりとにらみ、こう告げてきた。

「お前、元は人間だろう。その魚身は、誰かに釣られることで脱ぐことができる。さっさと網にかかって人の姿に戻り、周囲の人間にこのことを伝えなさい」

そう命令されたAさんは、さっそくこの指令を実践しようと湖中を泳ぎ続けた。しかしいくら湖中をフラフラさまよっていても、まったく漁師と出会えず、いたずらに月日が経っていくだけ。酷な言い方だが、Aさんは魚になっても「つかえない奴」だったのだ。

そのうち、しびれをきらしたスッポンが村人たちの夢に現れ、一連のお告げを託宣《たくせん》。Aさんの復活を待たず「亀の宮」は建立《こんりゅう》され、盛大な「亀祭り」が開催された。

祭り当日の湖には、多くの船が出て、たいそうな賑《にぎ》わいを見せていた。ここで、さすがのAさんも焦《あせ》りを覚えたようだ。

「しまった、出遅れた」

勢いよく水上に飛び出したところで、ようやく網にかかることができた。釣り上げられた鮒のAさん、そのまま包丁によってぶつ切りにされたかと思いきや……。

そこで目が覚めた。寝る前と同じく、やはり破《やぶ》れ船《ぶね》の上でごろりと横たわっていたのである。

しかし驚いたことに、眠る前にはなかったはずの亀の宮が、とっくに建立されているではないか。となると、ただ奇妙な夢を見ただけでなく、かなりの時間をタイムスリップしたことになる。

「……などという体験談を、Aさんはあちこちで声高に主張し続けているようです。とはいえまあ、地元の人々からは、頭のおかしい世迷い事だと、まったく相手にされていませんがね」

松氏は、そう語り終えたのだった。

＊

『三州奇談』は、江戸時代後期、宝暦～明和にかけての北陸の怪談が収集された随筆集で、一七七〇年代の成立と見られる。正編は五巻で九十九話、続編は四巻五十話で全百四十九話。

続編となる『三州奇談續編』「龜祭の紀譚」を、私がリライトしたものが、先の文章となる。（底本は日置謙・校『三州奇談』石川県図書館協会・刊、一九三三年）

作者の堀麦水は、今でいうところの怪談収集マニア。『續編』の冒頭作品である「龜祭の紀譚」でも、のっけから「例の狂を発して奇事を乞ひ求む」とある。こうした書きぶりから、自らの怪談収集癖に、ある種のプライドまで持っていたことがうかがえる。

実際、麦水の怪談収集への情熱は並大抵ではなく、コレクションした話のほぼ全てにわたって、地名や年代を細かく具体的に記してくれている。私のような、後世の立場から怪談を調べる人間にとってはありがたい限りだ。

とはいえ、その記録癖がほとばしるあまり、「物語」への目くばせが疎《おろそ》かになっているのでは、と感じる時もある。情報伝達やストーリーテリングを犠牲にしてでも、とにかく盛りだくさんの情報を詰め込みたかったのだろう。そういうタイプの人間は、確かにちらほらといるものだ。

なので私のリライトでは、「龜祭の紀譚」本文中のエピソードは大幅に削除・簡略化しておいた。しかしそれでも原文の、やけに細かいディテール、右往左往する展開といった雰囲気は伝わったのではないかと思う。

「創作」ならばここまで未整理な物語になるはずもない。これは確かに、麦水が実地にて聞き書きした「実話」なのだろうな、と感じさせるリアリティがある。

実際、話中の出来事はただの怪談めいた噂ではなく、かなりの部分が史実にもとづいているのだ。

地元の射水商工会議所が発行するパンフレットには、このような紹介が載っている。

放生津潟周辺の人々は、湖底の泥を掘って稲作の肥料にしていました。しかし、舟が転覆し命を落とす人々が続出し、潟に棲むガメ（大亀）のたたりだと恐れ、明和４年（１７６７）、潟の中心に小さな島をつくり、ガメを海竜大明神として祀りました。通称ガメ宮では、潟周りの村々が毎年協力し、祭礼が執り行われるようになり、事故がなくなったそうです。祭礼前夜には、潟の中の社地で花火を打ち上げるのが習慣となりました。

放生津潟の中心に築かれた小さな島の社には、ガメである海竜大明神とともに弁財天と少童命が合祀されました。社号は少童社に改名され、ガメ島は弁天島と呼ばれるようになりました。

（射水商工会議所 魅力発信プロジェクト
『新湊歴史ヒストリア Volume 4　新湊　潟&港さんぽ』二〇一八年）

潟に住む龍神である「海竜大明神」を祀ったために「海竜社」とも呼ばれる。亀だか龍だか、なんともややこしいが、とにかくガメラのような怪物っぽい水神をイメージしたのだろうか。

そして「ガメ宮」もしくは「海竜社」の祭礼を明和五年から行ったところ、続発していた事故がぱたりと途絶えた。その祭りは今も「富山新港新湊まつり」なる花火大会として続いているとのことだ（さすがにコロナ禍の二〇二〇、二一年は中止となってしまったが）。

こうした地域の起源譚を、実体験談にすりかえて言いふらした男（Aさん）もまた、当時、確かに実在したのだろう。

とはいえ現在は、往時の放生津の面影はみじんもない。人工島も姿を消したため、海竜社も別の場所へ遷座《せんざ》してしまった。他に関連するものといえば、緑地公園にアルミ製の弁財天が立っているのみだ。

さて、読者の皆さんは、どうして本書冒頭にて、わざわざ江戸時代の奇談を紹介したのか、不思議に思っていることだろう。

その理由は、「場所」にある。

堀麦水の時代には放生津と呼ばれた潟湖は、一九六一年からの大工事によってすっかり姿を変えてしまう。潟は掘削され、もはやコンテナや大型船舶がゆきかう深さとなった。その代わりに出た土砂で周辺を整備し、直線的な区画の埋立地が、巨大な新湊大橋によって繋《つな》がっている。この新しい港＝新湊地区はまた、大型帆船「海王丸」をシンボルとした、若者が集うスポットでもある。

そして、まさにそのスポットこそが、現代のとある「心霊事件」の舞台となった。

正確に言うなら、ある事件が「心霊事件ではなかった」ことを示す「新事実」が、この場所にて明らかになったのである。

ややこしい言い方で申し訳ない。順を追って説明するべきだろう。

まずは背景を理解してもらうため、事件の「新事実」が発覚する七年前に、私が自分の同人誌『怪処　6号』に執筆した記事を読んでもらいたい。

2

山中にとり残された、八階建ての廃ホテル。

よほど堅牢なつくりなのだろうか。いまだ崩壊の気配すら見せず、堂々たる外観のまま、丈《たけ》の高い雑草だらけの敷地にたたずんでいる。

富山県魚津《うおづ》市、坪野鉱泉という温泉地に建てられた「ホテル坪野」跡地。そこは廃墟マニアからも心霊好きからも、北陸有数のスポットとして知られている。

高度経済成長から一九七〇年代にかけて、日本のレジャー産業は独特の様相を呈した。サラリーマンの社員旅行ではそれぞれの家族まで連れだって、大規模な団体として大型ホテルにチェックインする。東なら熱海、西なら伊勢志摩を思い浮かべれば、そうした前時代的なザ・観光地イメージが伝わるだろう。それに伴《ともな》い、別府の「スギノイパレス」、伊東の「サンハトヤ」など温泉ホテルの大型化が流行した。

当時の「ホテル坪野」も、テレビCMを流し、家族で泳ぐ「ワイキキプール」やサパークラブ「ダンス天国」を併設するなど、地域最大級のリゾート施設として知られていた（twitterアカウント「富山県民話財団」氏の二〇二〇年三月十四日ツイートを参照）。

しかし一九八二年には経営難から廃業の憂き目にあい、オーナーは行方不明に。スキー場建設の予定地として権利が渡ったタイミングで、折悪《おりあ》しくバブルが崩壊、再開発も断念される。現所有者は市や民間への譲渡を希望したが、引き取り手もなく取り壊しの目処もたたないまま、現在に至っている。

そして一九九六年五月五日。

この廃墟に関係しているかもしれない悲劇が、富山県内で起きてしまった。氷見《ひみ》市の女性二人が「肝試しに行く」と家を出たまま行方不明となったのだ。

彼女たちは会社員とスーパー店員、車を運転して県内あちこちを遠出できる社会人ではあった。とはいえ、二人ともまだ十九歳、未成年の「少女」でもあった。

失踪から一年後。

二人が二十歳の成人となったことから、警察は準公開捜査に踏み切った。そのため、メディアでも行方を尋ねる報道がなされるようになる。

読売新聞・北陸版に、当時の様子を伝える記事が掲載されたのもこの頃だ。

二人は同日深夜、ポケットベルで「魚津市にいる」というメッセージを友人に送った後、連絡が途絶えた。

魚津市の山中には、「肝試しの場所」として週刊誌でも取り上げられ、暴走族らのたまり場となっている廃墟と化した元温泉旅館跡があり、二人はそこに向かった可能性が強い。

（中略）

元ホテル坪野は、約13年前に倒産、建物は残っているものの、現在は荒れ放題で、若者の間では「幽霊が出る」と騒がれ、数年前、週刊誌にも取り上げられた。このため、週末になると県内、さらに石川、福井、新潟、岐阜県から暴走族らが集まってくる。地元民からは、治安上、不安視する声が出ている場所だ。

（「廃墟に向かった2人失踪　魚津」『読売新聞・北陸版』一九九七年五月四日付）

巨大温泉ホテルの倒産後、バブル崩壊によって塩漬け、その廃墟は心霊スポット化し、不良のたまり場として犯罪の温床にもなる……。

こうした流れには、二十世紀末の日本における温泉・廃墟・心霊スポットの「負の典型」が凝縮されている。

さらに二十一世紀に入る頃には、この場所にまつわる独特な流言が加わった。

「坪野鉱泉で肝試しするなら、周囲に人影がないか確認してから車を降りなくてはならない」

「ホテル坪野内部を探索中は、自分の名前などの個人情報をしゃべってはいけない」

なんとも奇妙な情報である。どこの心霊スポットにも、なにかしら恐怖をあおるような噂がついて回るものだ。しかし坪野鉱泉およびホテル坪野の噂だけは、他エリアとずいぶん様相が異なっている。

ここで警戒されているのは、明らかに幽霊ではなく人間だ。それは北陸という土地柄とも結びついている。

「北朝鮮による拉致」が、その恐怖の背景として見え隠れしているのだ。

先述した女性二人の失踪についても、地元では北朝鮮に拉致されたのではないか、との噂がささやかれている。かの国の工作員がホテル坪野の廃墟に潜伏しており、不用意に近づいてきた若者たちをさらっているのだ……と。

もちろん、これらの噂を信じる必要はない。しかしここまでスケールの大きな背景が想像されるような廃墟・心霊スポットは、日本でもそう多くはないはずだ。

――以上、二〇一三年に私が書いた原稿を、若干、加筆修正したものである。

同文執筆は「新事実」が発覚する前なので、明らかな誤解をしている面もあるのだが、それについては後で触れよう。

また、ここでは「北朝鮮による拉致」という、独自の地域性からくる噂にクローズアップしているが、女性たちの向かった先が「心霊スポット」であり、「神隠し」とも呼ばれた事件であることから、幽霊の祟り、宇宙人によるアブダクションといったオカルト説も多少はささやかれていた。

そして怪談めいた説と、なんらかの犯罪行為に巻き込まれた説。その二つが融合した噂も存在する。二〇〇一年のネット掲示板（2ちゃんねる？）に投稿されたという不気味な情報で、あちこちで転載・コピペを繰り返され、当時の未解決事件マニアにはすっかり有名なものとなった。

810 名前：無 投稿日：2001/03/10（土）18:30
798
富山県での話ですね。

その事件についての話を聞いた事があります。

（略）

１９９７年の夏の終わりだったと思います、私の地元（金沢の外れ）に小さなスナックがあり、そこでバイトしていた女の子とその事件について話をしていました、

私の他には３人客がいて、カウンターに私ともう一人の客、ＢＯＸに一人の客がいた

（略）ＢＯＸに座っている男を初めて見ました、２０代後半のちょっと怖そうなお兄さんが手招きしています。

（略）

「なんやあんちゃん、ほんなに怖い話好きなんか、さっき話とった坪のの話聞かしたるわ、絶対に人には言うなよ、言うたらお前殺すぞ」って脅《おど》されました坪の、その事件について興味があったので、はいと答えました。

Ａ子さんとＢ子さんは坪の鉱泉へ行く予定でしたが、二人だけで行くのが怖くなった為か、海王丸パーク（ナンパスポット）で一緒に行ってくれる人を探していたそうです。

（略）

海洋丸坪のパークに来ていた男とその友人はＡ子さんとＢ子さんの誘いに乗り、Ａ子さ

んの車に男の友人、男の車にB子さんが乗車し坪の鉱泉に向かったようです。

途中A子さんは男の携帯電話からA子さんの友人のポケベルに「今から坪のに行く」と入れたそうです。しかし男とその友人は「ふたがみ山」に仲間を呼び出しておいて、坪のへ行く振りをしながら先導していた男の車で「ふたがみ山」へ入ったようです。

（略）

「ふたがみ山」の今は取り壊されちゃった健康病院跡地（ここも心霊スポット）に3人の仲間を呼び出していた男は目でGOサインを出し、それぞれ車の中で強姦したそうです。

泣き叫びながら抵抗するA子さんとB子さんを取り押さえ殴る等の暴行を加えながら全員で犯したそうです、事が終わった後A子さんは「絶対に許さない警察に言う」と男達を脅し、そこでビビった一人がA子さんの首を締めて殺害、続いて目撃者のB子さんも首を締めて殺害したそうです。死体は「ふたがみ山」のマンホールに入れたと聞きました。

A子さんの車は指紋をふき取り「ふたがみ山」だったか「坪の」に置いてきたそうです。

その後、後から来た3人のうち一人は自殺、一人は精神異常が出て病院行き、もう一人は行方不明になったようです。（殺害、死体遺棄しといて当然だと思います）

男が言うには、車を運転出来なくなってしまった、何故ならバックミラーを見る度に後ろにあのA子の車が着いて来るからだそうです。

男は富山の人間ですが、誰にも言わず各地を転々としているそうです（行方不明じゃん）

私に誰にも言うなよと何度も注意していましたが、酔った上での戯言《たわごと》もしくは五月蝿《うるさ》い私を黙らせる為の作り話かも知れません。

ただ私は今でも「ふたがみ山」のマンホールの下には死体があるのかと思うと、可愛そうに思います。おしまい。

（※すべて原文ママ。転載元のオリジナルについては、どの掲示板に投稿されたか不明）


もちろんこれは事実無根の無責任な投稿である。ただし、その文中に一抹《いちまつ》の事実を含《ふく》んでもいたことが、後に判明した。

「海王丸パーク（ナンパスポット）」や、女性に性的暴力をふるう輩《やから》どもが登場する部分が、それにあたる。ただし、この偶然なる「一部事実との符合」は、投稿者が慧眼《けいがん》によって事件の真相に近づいていたから、ということではない。

おそらく地元民であろう投稿者は、富山県のアウトロー文化にそれなりの知識を持っていた。そこから想像をめぐらせたオリジナルストーリーが、たまたま「一部事実との符合」

を見せた、という話なのだ。

3

さて、先述の文章だけではホテル坪野とその周辺が伝わりづらいと思うので、いったん私の現地レポートを補足しておこう。

私が「坪野鉱泉」へ出向いたのは、二〇一三年十月のこと。

魚津の市街地から山の方へと車を走らせれば、さほどの時間もかからず、迷うこともなくスムーズに目的地へとたどり着けた。

山の上といっても、大したことはない。木々も少なくあけっぴろげな土地で、むしろミニサイズの高原とでも呼んだ方がいいような光景だ。

明治に開かれたこの温泉地は、もはやひなびた湯治場だった頃の面影も、七〇年代のファミリー層向けレジャー施設だった頃の面影もすっかり消え去っている。

とはいえ源泉そのものは枯れておらず、いまだに鉱泉水が地下から湧出しているとのこと。その証拠に、道路沿いに「薬師の水」なる水汲み場が設置されていた。

コンクリートでつくられた流しの取水口からは、トロトロと水が流れ出ている。おそらく地元民には現役で利用されているのだろう。実際、二〇二一年現在のＧｏｏｇｌｅストリートビューで確認すると、地元民らしき老夫婦が車で水を採取している様子が撮影されている。

また周辺には水田も点在しているので、やはりこの地下水を利用して耕作しているのかもしれない。

私は温泉好き、それも暗いタイプの温泉好きなので、日本各地の「廃泉」を幾つか訪れている。ただ、ここでいう「廃泉」とは、「源泉が枯れたポイント」という正当な意味ではない。温泉宿であるホテルや旅館、浴場施設が廃墟になっていたり完全撤去されている場所、あるいはその温泉地の集落全体が無人化してしまった場所という、私独自の使用法をさせてもらっている。

さらに言えば、そうした無人の土地に、源泉だけはずっと湧出し続けている場所を指してもいる。だから「廃泉」という本来の意味とはまったく逆だ。

温泉地の上につくられたホテルや店舗や住宅地。それら全てが廃墟となった後でも、人間の営みなどまったく気にせず、ただ大地の底からこんこんと湧き続ける水。

私は、そうした状況が好きなのだ。寂《さび》しさと荘厳さと、闇の世界に触れ合うようなオカルチックな興奮が、「廃泉」にはあると思うのだ。だから現在の坪野鉱泉の風景にも、なんだかシンパシーを感じてしまった。

そして、ホテル坪野の方へも足を運んでみる。

ホテル敷地には、赤い矢印マークが「←」と行先を示している。その指示どおりに進むと、難なくホテル正面まで歩いてたどり着くことができた。

入ってすぐは大きなエントランスホールだ。がらんとしたなにもない空間に、スプレーによる落書きだけがカラフルな色彩を打ち出している。不良たちのチーム名らしき落書きが多いのは、富山が不良文化の盛んな土地柄であることを表している。

意外に思うだろうが、富山は「暴走族」発祥の地でもあるのだ。一九七三年の警察白書を読めば、以下のような報告が記されている。

昭和47年6月17日（土）から18日（日）早朝にかけて、富山市国鉄駅前の繁華街で、数十台の乗用車の若者とこれを見物していた群衆約３０００人が暴徒化し、商店や通り掛かりの車を襲って破壊するなどの事案が発生した。

（引用注※昭和）47年の富山市における群衆騒乱をきっかけに、マスコミ等で「暴走族」という呼び名が用いられるようになり、以後これが次第に定着した。

（『昭和48年警察白書』「第2章　明日のない若者たち」一九七三年）

一九七二年の富山駅前・城址大通りでの大騒動が、日本における「暴走族」の元祖となった。すなわち富山＝暴走族発祥の地である、とも言えてしまう訳だ。それが地元民にとって名誉なことか不名誉なこととなのかは、さておき……。

ことほどさように富山県とは、「不良と車・バイク」にまつわるアウトロー文化が盛んな土地である。

だから、先述した女性二人の失踪事件についても「ホテル坪野での肝だめし中、凶悪な不良グループと出会ってしまい、なんらかの犯罪行為に巻き込まれたのではないか」との見解が根強くあった――そしてそれは、ある意味で「正解」に近かった――。

ホテル内部は不良たちの遊び場としてすみずみまで荒らされており、調度品や窓枠などもあちこちが破壊されている。それでいて、壁や床などが崩れている様子はいっさいないことからも、ホテル坪野がかなり頑丈な建物であることがわかる。まあ、だからこそ閉業から三十年経った今も、廃墟となった姿をさらし続けている、とも言えるのだが。

屋上までのぼっていくと、眼下にはパノラマのような風景が広がった。山のずっと向こうの魚津市街と、さらに富山湾までが見渡せる。

すぐ脇を振り向くと、びっしりと名前が落書きされた貯水タンクが、屋上の隅に置き去りにされている。皆が皆、ここをゴール地点として、自分たちが到達した証を残したかったのだろう。

行方不明になった女性二人も、この屋上に立ち、富山湾へと広がる夜景を眺めたのだろうか。いや、そもそも二人は、この廃墟ホテルにまで来たのかどうか……。

当時の私は、富山湾に広がる灰色の曇り空を眺めながら、ぼんやり、そんなことを考えていた。

4

さて、そろそろ事件の真相について語るタイミングとなった。

全国的に大きく報道されたため、もはや「周知のとおり」と言ってもいいだろうが、とりあえず順番通りに説明を続ける。

一九九六年に起きた失踪事件は、二〇二〇年三月、思いもよらぬ急展開を見せた。富山新港の海中から、一台の軽自動車が引き上げられたのだ。車内には、女性二人の白骨遺体が乗ったままだった。鑑定の結果、失踪した二人と遺体のＤＮＡが一致。二十四年の時を経て、ようやく彼女たちは「戻ってきた」のである。

しかし、これで事件が解決したとは言い切れない。

二人の車が港に沈んでいた……という「新事実」の発覚は、まず二〇一四年末、富山県警に新たなタレコミが入ったところから始まる。

この発見につながったのが、'14年末に県警に寄せられた、「'96年のゴールデンウイークに旧海王丸パーク付近で車が転落するのを目撃した人物がいる」という情報だ。県警は、この情報を基に調べを進め、目撃者の男性3人を特定。こんな証言を引き出した。

「運転席と助手席に乗っていた女性に声をかけようと近づいた際、車が後ろ向きに急発進し転落した」

しかし、3人は「怖くなって立ち去った。通報はしなかった」と話したという。

（水谷竹秀「《富山・坪野鉱泉》心霊スポットで消えた少女2人が遺体で発見、都市伝説との奇妙な一致」『週刊女性PRIME』二〇二一年一月二十七日更新）

なぜ目撃者だという男性三名は、二十四年もの長きにわたって沈黙を貫《つらぬ》いていたのか。今さらの言い分かもしれないが、落下直後に救急や警察へと通報していれば、万にひとつは女性たちの命も救われた可能性はあったのではないか。少なくとも、事故直後に警察へ目撃証言を寄せるのが、自然な行動のはずであろう。

車の転落現場は、海王丸パークから約一キロメートルほど南に移動したあたりの埠頭。ここ一帯はかなり昔から、そして事件当時も、男女の出会いスポットとして有名だった。私が複数名の富山出身者たちに取材したところ、海王丸パーク近辺の駐車場、道路沿いでは強引なナンパがたびたび横行していたという。

地元の北日本新聞によれば、事件当日、男性三人は女性二人に「声をかけた」「車のドアを開けようとした」ところ、女性たちの車が後ろ向きに急発進、そしてバックで走ったまま海へ転落したのだという。「責任を問われるのが怖くて通報しなかった」との証言も、事件当時の地元紙である『北日本新聞』には載っているのだが……（『北日本新聞』社会面、二〇二〇年三月五日付）。

いかんせん警察が「現時点では事件性を疑う状況は確認されていない」（先述の水谷記事より）としている現在、これ以上の具体的情報がわからない状態では、誰かの責任を追求することもできない。ここでは、もっと全体的な話をしていこう。

その他の情報もまとめると、彼女たちはまず海王丸パークで待ち合わせをし、「肝だめし」に出発。そして二人の車が滑川《なめりかわ》市付近の国道八号を魚津方面へ、つまり坪野鉱泉の方へ走っていた目撃証言もあるようだ。実際に「魚津市にいる」とのポケベルのメッセージも送信されていたのだから、坪野鉱泉の近くまで出向いたと考えるのが正解だろう。

ただ坪野鉱泉あたりで、「なにがあったか」は全くわからない。あるいはそこで「なにもなかった」からこそ、また新しい刺激を求めて、車で一時間ほどの道のりをUターンしたのか、とも察せられる。

前後にどのような経緯があったか不明だが、彼女らは再び、富山新港へ、海王丸パークの近くへと車を乗りつけた。

悲劇が起きてしまったのは、その場所でのことだった。

先ほど、富山が暴走族発祥の地と述べたように、この土地には「不良と車・バイク」にまつわるアウトロー文化が、他県よりもしっかりと根づいている。

それはなにも否定的な面ばかりではない。富山県はまた「ロカビリーの聖地」と呼ばれるほど、ロカビリー音楽が（おそらく現在でも）盛んな土地だ。

矢沢永吉の『キャロル』しかり、舘ひろし・岩城滉一らによって元々はバイクチームとして結成された『クールス』しかり。七〇年代日本の不良文化・バイカー文化とロカビリーが（少なくともロカビリー的スタイルが）強固な繋がりを持っていたことは、誰の目にも明らかだろう。

富山におけるロカビリーは、暴走族の隆盛からやや遅れた一九八〇年代から、ネオ・ロカビリーの潮流とともに大流行し、また根づいていったと考えられる。それもこれも、やはりこの土地がバイカーや走り屋、暴走族といった、「不良と車・バイク」にまつわるアウトロー文化が盛んだったという土壌あってこそだろう。

そして富山が「ロカビリーの聖地」となったことは、もちろん一つの文化的成果であり、プラスの側面なのは間違いない。

しかしその土壌がマイナスの側面を助長したとも、また言えるのではないだろうか。「不良と車・バイク」にまつわるアウトロー文化を良しとする社会の風潮が、海王丸パーク付近に集まるドライバーたちの、過激で暴力的なナンパをも許容していたのではないか？

男性三人が「声をかけ」「車のドアを開けようとした」とたん、軽自動車は急発進した。普通のナンパであれば、そのような過剰な反応をとるだろうか？

また解《げ》せないのが、ギアを「R」に入れてバックしたという点だ。その正確な理由は、情報がほぼ無いためになんとも判断がつかない。しかし普通に考えれば、人か車によって「前方を塞《ふさ》がれていたから」と想像するのが自然だろう。そしてこれが前方発進であれば、いくら夜中でも海へ落ちることはなかったはず……と想像するのも、また当然のことだろう。

十九歳の少女二人が感じた大きな恐怖と、それによって引き起こされた死亡事故。警察は事故について刑事的責任を追及しない方針のようだが、もし直接的な害をなした個人がいるのであれば、道義的責任はそのものに帰せられるべきである。

とはいえ（繰り返しになるが）本稿では特定個人への追求をすべきではない。ただひたすら、彼女たちを襲った「恐怖」について、全体的かつ抽象的に捉えるしかない。

5

失踪事件との直接の関係についていえば、「坪野鉱泉」は濡れ衣を着せられていたことになる。二〇二〇年の「新事実」発覚前、失踪事件にまつわる考察記事はネットに山ほど出回っていた。もちろん私の同人誌に寄せた文章もその一つだ。それらの記事はどれも、正確な事実を言い当てられはしなかった。

しかしこの濡れ衣は逆説的に、「心霊スポット（＝廃墟）が、その地域の負の側面を仮託されてしまう場となること」を如実に示した一例だったともいえる。不良たちによる女性の殺傷も、北朝鮮工作員による拉致も、地域全体においてはけっして無根拠ではない、非常にリアリティの高い「疑惑」案件だった。

逆に言うなら、他のエリアにおいては、一昔前であれば「北朝鮮工作員による拉致なんて、都市伝説ではないか」と捉える向きもあった。それがれっきとした事実であると、二〇〇二年の日朝首脳会談によって確定するまで、非現実的な事柄と受け取っていた日本人も多かったのではないだろうか。

夕暮れの海岸に不審船が浮かび、真っ黒い男たちがやってきて、女子供をさらっていく……そんなレトロな「人さらい」怪談など、今どき小学生だって信じやしないだろう、と。

まだ拉致事件が「疑惑」だった頃、北陸〜山陰〜山口にかけての日本海沿岸に住む人々と、その他エリアの日本人たちとでは、恐怖のリアリティに大きな温度差があったのだ。

そこを了解していないと、富山の人々が、あの失踪事件と「北朝鮮拉致」をリンクさせていた感覚がわからないはずだ。

また二〇〇一年に投稿された、「ふたがみ山」に遺体が遺棄されたとの情報はどうだろうか。確かにあれは、まったくの不謹慎な嘘だったと判明した。しかしコピペとしてあちこちに転載されていったのだから、多くのネット民たちに「もしかしたら本当か……？」と「疑惑」を信じさせるリアリティを持っていたことを示している。

それはやはり、件《くだん》の投稿者が、富山の空気感をよく知る人物だったからだろう。当地の「不良と車・バイク」にまつわるアウトロー文化を理解し、その背景をもとに紡《つむ》がれたス

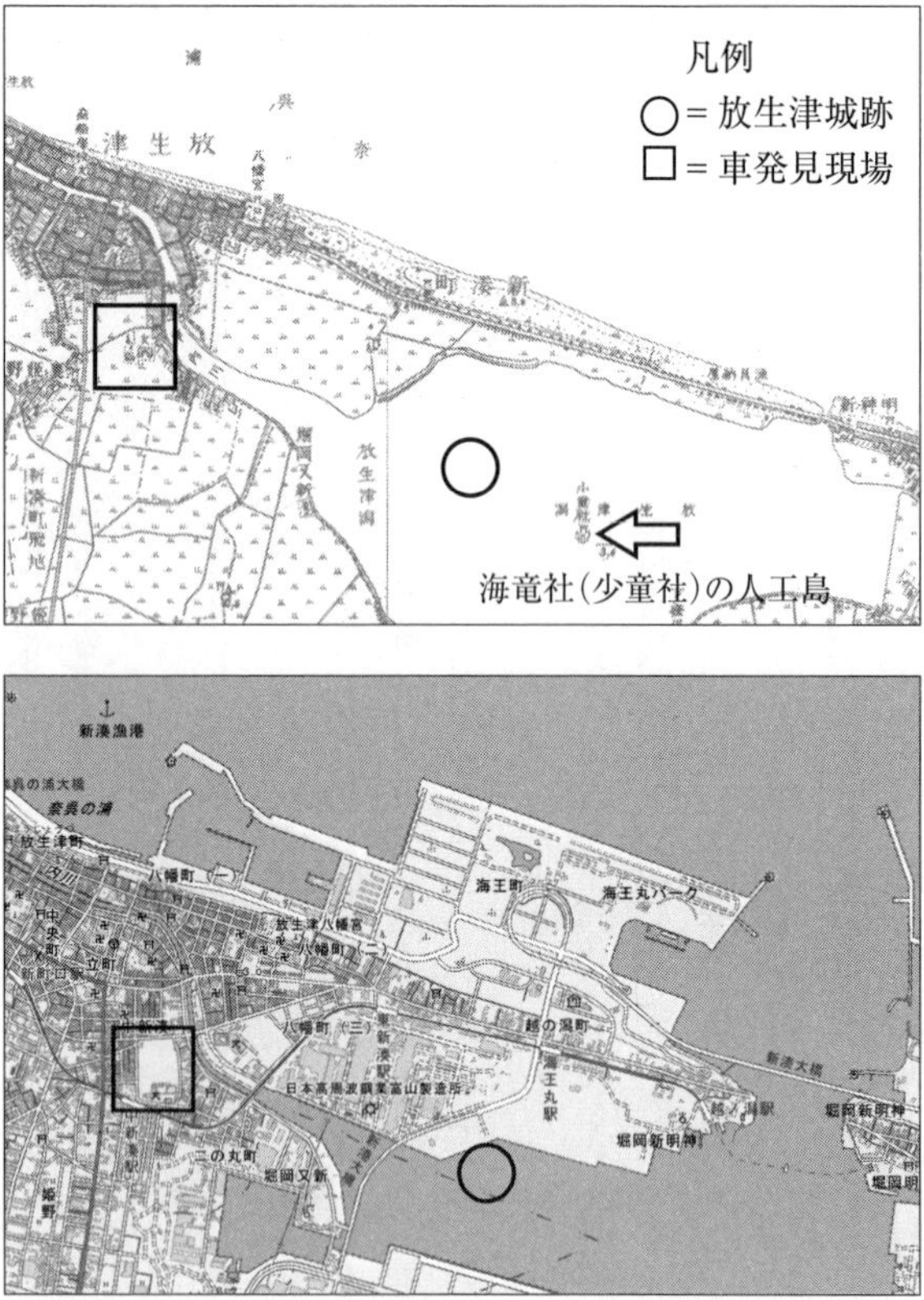

現在の海王丸パーク周辺と明治期の比較。各出典元を加工して作成
（上図：1/20000「四方」1911 年発行、下図：地理院地図）

トーリーだったからこそ、リアリティが生じたのだ。実際、この物語は事件の「一部事実と符合」してしまっている。「海王丸パーク」でのナンパがきっかけとなったこと、犯人グループ五人のうち一人が自殺し一人が行方不明となったのだから、身元が知れているのは「三人」の男たちであること、などなど……。もちろん全くの偶然に過ぎないのだが、こうしたリアルな嘘は、しばしば瓢箪《ひょうたん》から駒のような奇遇を起こしてしまうものなのだ。そうでなければ、人々の「疑惑」を煽《あお》りたてることなどできはしない。

「疑惑」といえば、松本清張の原作小説および野村芳太郎監督の傑作映画『疑惑』もまた、富山港の新湊地区にて、猛スピードの車が夜の海に落下するところから、物語が始まるのだった。高度経済成長期に新しくつくられた同地区もまた、あの映画のような種々雑多な「疑惑」の受け皿として機能してしまった。

そして、冒頭で紹介した「龜祭の紀譚」を思い出してもらおう。

あの奇譚にて語られた湖上の海竜社があった場所は、伏木富山港・新湊地区から見て南側である。そこはまさしく、女性たちの軽自動車が落下したポイントの近くなのだ（地図参照）。新湊地区では昔から、釣り人や車が海へと転落する事故が昔から後をたたない。女性たちの車が引き上げられた直後の四月十六日にも、ほぼ同じ場所でまた軽自動車が水没し、親子とみられる男性二人が水死している。

二百五十年前、そこが放生津だった頃も、水難事故が相次いだ。そして現在と同じように、潟湖での連続水死の原因を求め、様々な「疑惑」が巡らされていったのである。やれ湖のヌシたるアカエイの仕業だ、いやスッポンが我が子を殺された怒りで復讐しているのだ……と。果ては黄色い鮒となって湖中の様子を見てきたぞ、と語りちらす人間まで現れる始末。

それら江戸時代の噂ばなしと、スナックで殺人犯の告白を聞いたぞ、とうそぶくネット投稿者と、根本的な差異はあるだろうか。また無関係な放生津城跡までもが怪蛇の住処と目されてしまったのは、伏木富山港からずっと離れた坪野鉱泉がリンクさせられた様相とも似ている。

時代によって害をなすものの想定が「アウトローの犯罪者」「北朝鮮の工作員」なのか「水に棲むヌシ」かの違いはあるものの、構造はまったく同じことなのだ。富山県民たちが暗に抱いている「疑惑」が吹き込む場として、心霊スポットである「坪野鉱泉」やナンパスポットである「新湊地区」が機能してしまった。

現在の富山新港における「新湊地区」。海王丸パーク（上）
およびその周辺エリア（下）の様子。

「新事実」発覚前にささやかれた、様々な怪談——というより奇譚——は、ただの間違いだった。しかし、どのように間違えたか、という点を考慮してみれば、その共同体の人々の心に潜む無意識をあぶりだす意義はあるかもしれない。

人は水のあるところに集まる。湧水地や湿地帯など自然の水場を、温泉や潟や港として改変し、利用する。源泉も海も、そうした人間の営みとは関係なくあるはずなのに、ひとたび連続水死や神隠しなどの謎が起これば、人々は、その「水」に様々な「疑惑」を投影する。しかし水面に映された暗い物語は、そこを覗《のぞ》きこむ私たち自身を反映しているに過ぎないのだ。

6

最後に少しだけ、映画『牛首村』(清水崇・監督、二〇二一年)との奇妙な関連にも触れておこう。

『牛首村』プロモーションでは、公開前にストーリーをほとんど明かしていなかったが、主演のｋｏｋｉが一人二役の姉妹、つまり双子を演じるとの情報は解禁されていた。また同作が、語ってはいけないとされる怪談「牛の首」を最初の着想としたのは確かだろう。

さらに坪野鉱泉がロケ地となっていること、ポスターに富山県高岡《たかおか》市の雨晴《あまはらし》海岸が使われているとおり、富山県もしくは北陸が舞台となっているのである。

それにしても、なぜその地域が選ばれたのか。

ここからは私の勝手な想像になるが、映画『牛首村』ではまず、富山県ではなく石川県に着目したのではないだろうか。同県には河北郡津幡町、白山市白峰地区に、かつて「牛首村」と呼ばれていたエリアがあった。いずれも怪談「牛の首」とは関係なく、牛頭天王を祀っている土地だからこその村名だ。また河北郡の方は「牛首トンネル」の通称にも残っており、そこは心霊スポットとされてもいる。それら名称からの連想で、舞台の地を選んだのだろう。

同じような連想として、北陸の心霊スポットという繋がりから、坪野鉱泉へと繋がっていったかと思われる。同作では、本当に現地でロケした坪野鉱泉およびホテル坪野のシーンが何度か登場する。

とはいえもちろん、映画『牛首村』は、石川県にあった二つの旧・牛首村や、女性二人の失踪事件と、直接にリンクしている訳ではない。そのストーリーといっさい無関係であることは、念のために言い添えておいた方がいいだろう。

ただ私個人としては、おそらく清水監督もスタッフも意識してはいなかったであろう、とある偶然の結びつきを感じてしまうのだ。

白峰地区の有名な特産品に、「牛首紬《つむぎ》」という織物がある。もちろんこの名称は、旧地名が牛首村だったことに由来している。非常に強く丈夫な生地で、釘にひっかかっても、むしろ釘の方を引き抜いてしまうほどなので、別名「釘抜紬」とも呼ばれている。

その丈夫さの秘密は「玉繭《たままゆ》」である。養蚕《ようさん》においては二〜三パーセントの割合で、一つの繭に二匹の蚕《かいこ》が入った、大きくて丸い「玉繭」が出てくる。二匹が共同で糸をはきだし作った繭のため、製糸時に絡《から》まってしまうくず繭であり、通常は廃棄されてしまうものだ。しかし白峰ではこの玉繭を「座操《ざぐ》り」という特殊な手法で紡ぎ、太くて弾力性の強い生地に織りあげるのだ。

一つの繭の中で眠る、二匹の蚕……。

これぞまさに、映画『牛首村』において、因果の糸に閉じ込められた双子の主人公へと繋がるイメージではないか。

また同時に、富山港の海に沈んだ軽自動車の中で、二十四年間も一緒に眠っていた、あの二人の女性をも想起してしまう。

これは映画スタッフも意識していないであろう、私個人の勝手な連想である。本稿でさんざん述べているように、怪談・奇譚めいた関連付けというのは、どのような事象においてもこじつけられてしまうものなのだ。

しかし、それでも私は、想像したい。

二人の女性が海の底にいた二十四年間。

その時間が彼女たちにとっては、繭の中で寄り添う蚕たちのような、安らかな眠りであったと。

そしてようやく二人の体が地上へ引き上げられた今、繭から解き放たれるように天へ召されていったと。

そんなことを想像し、願いたいのである。

※三州奇談「龜祭の紀譚」関連情報については、ブログ「鬼火～日々の迷走」記事から多くを参照しました。
https://onibi.cocolog-nifty.com/alain_leroy_/2020/04/post-908ee7.html

坪野鉱泉ホテル　探訪ルポ

栗原 亨

栗原 亨（くりはら・とおる）

1966年生まれ。樹海及び廃墟探検家。

30年以上にわたり約1500箇所の廃墟を巡り、青木ヶ原樹海にて70体以上の自殺遺体を発見。著書に『廃墟の歩き方』『廃墟の歩き方2』『初めての廃墟の歩き方』『樹海の歩き方』（以上、イースト・プレス）、『新・廃墟の歩き方』（二見書房）、『廃墟紀行』（マガジンランド）、『ウソかマコトか⁉　恐怖の樹海都市伝説』（秋田書店）、共著に『実話怪談 樹海村』（竹書房）がある。

近年はテクニカルダイバーの資格を取得し、海中の廃墟である沈船を30隻以上探索。

北陸自動車道、魚津インターを降り、南に走り山へと向かう。

関東地方に住み慣れた自分にとって、山脈が南にあることに大きな違和感を覚えた。

シャッターを下ろした店舗の多い市街地、短い住宅地を抜けると、やがて信号機もなくなり快適に目的地への距離が縮まる。

恐ろしいほどに蒼《あお》く美しい空。

日本海の水平線には、季節外れの入道雲が幾つも並び、雪を戴《いただ》いた山々から吹く乾いた風は冷たく澄み、秋の終わりを感じさせた。

カーナビのガイダンスが、目的地まであと十分で到着することを告げる。

小高い山間部の道は、農地と樹木に囲まれ牧歌的といえるほど穏やかで走りやすい。

恐怖や怪奇とは、正反対な時間が風景とともにゆっくりと車窓を流れる。

その時間は、突然終わりを告げる。

視界に現れた廃墟のホテルは圧倒的な存在感で聳《そび》え立ち、禍々《まがまが》しいまでのオーラを放つ。

高層建築物が周囲にはないなかに、唯一無二の巨大な建物……。

風景とのギャップが、そのコントラストを増幅させているのも一つの原因だろう。三十年間に一五〇〇箇所にも及ぶ廃墟を探訪してきたが、これだけの物件に出会えるのは稀有《けう》である。

不気味に残る巨大な廃墟

正式名称「ホテル坪野」、通称「坪野鉱泉」。

高度経済成長期の一九七〇年代に、坪野鉱泉の温泉ホテルとして開業。

地上七階地下一階建て。レストランやバー、温泉施設やプールまでを備えた巨大ホテルで、現在のリゾートホテルのような役割を果たしていたようである。

社員旅行などの大勢の客をもてなすサービスを提供して経営を続け、テレビ宣伝も流していたそうだ。

その後のレジャーの多様化による変革の波に乗れず、絶滅した恐竜のように、その巨体を持て余し一九八二年に倒産。

以後、約四十年間の長きにわたり廃墟としての躯《からだ》を晒《さら》し続け、北陸で有数の心霊スポットとして君臨し続ける。

一九九六年に、若い女性二名がこの物件に肝試しに行くと言い残し、行方不明になる事件が発生。

二十四年後の二〇二〇年、富山新港の海のなかに沈んでいた車から発見されたが、それまで「神隠しホテル」と呼ばれていたホテルは、さらにその地位を強固なものにした。

建物に近づき再度外観を眺める。

自然が長い時間をかけて彩色した独特の廃墟色に、人間が施《ほどこ》した落書きや破壊の跡が生々しく残る。

外に附設された非常階段が二階部分から無残に千切れ、錆《さ》びた鉄骨として転がる。

「建物である廃墟が、正常に劣化したものが遺跡になる」

これが私の持論であるが、ここはそのベクトルを大きく逸脱し、神秘性を一切排して、見事なまでに不気味な方向へと廃《すた》れている。

大多数の廃墟が、人為的な取り壊しや自然倒壊や崩落で消えていくなか、建物の堅牢さが優れているらしく壊れる兆候すらない。

ホテルの内部へと足を踏み入れる。

かつてロビーであった場所を歩くが、強い日差しのなかにいたせいで、暗闇に眼が慣れるまで三十秒程度時間がかかる。

薄《う》っすらと浮かび上がる落書き。

それは剥《む》き出しのコンクリートに描かれ、時代も方向性もまったく関連なく無数に並ぶ。

その色彩は混沌に満ち、狂気すら感じるほどだ。

自身の意志で入ったにもかかわらず、巨大な体躯へ飲み込まれたような錯覚に襲われる。

中央に附設された巨大な螺旋《らせん》階段、隙間から射す光……。

本来、廃墟として美しい要素を備えているにもかかわらず、ポジティブな感情は一切わかない。

あまりにも激しい人為的な破壊が行われたため、現役時代の雰囲気を探すのは難しい。

唯一残るのは天井からさがるシャンデリアのみだが、それとて半分程度しか形を残さず、汚れた褐色へ変色している。

のどかな風景を引き裂き、眼前に現れる。多くの都市伝説を纏うその姿は、圧倒的な存在感である。

1階ロビー広間。美しいと言われるロケーションにもかかわらず、濃厚な負の空気が沈殿しポジティブな感情は感じられない。

破壊の限りをつくされた内部

エレベーター横に設置された階段から上階へ上がってみる。

ホテル自体は簡単な構造のため、迷うことなくアクセスできる。

すべての窓が割られ、粉々になったガラス片が床面や階下の屋根へ散らばる。

手近な部屋から入ってみる。

金属製のドアが付け根から壊され、部屋のなかに転がる。

内装の壁面、天井のタイル、そしてトイレの便座や、部屋を仕切るパーテーション。

おおよそ破壊できるすべてが、完膚《かんぷ》なきまでに壊されている。

戦場で爆発したマンションや、災害で押し潰されたビル、それさえも凌駕《りょうが》するほどの状態だ。

客室は二種類で構成されており、狭い部屋には内風呂が備えておらず、広い部屋にはタイル張りの浴槽が据え付けてある。

浴室はコンクリートにタイルが貼られており、壊すのは難しかったのか、唯一、綺麗に

上階の客室。人間の力で破壊できるすべてが壊されている。
そこには、かつての思い出もぬくもりも一切残っていない。

形を保っていた。

延々と同じような落書きが描かれた、踊り場の角には、階を知らせるボードが設置されている。

しかし、●階と書かれた案内さえ、悪《いた》戯《ずら》なのか本物なのか知るすべもない。

上り始めは階数を数えていたのだが、それを思い出そうとした頃に、同じ景色に終わりが訪れた。

薄暗い天井が、青空へと変わる。

屋上の機械室には隙間なく落書きが施されていたが、黒い床の隙間からは緑が繁茂し、そこには廃墟の彩が広がっていた。

闇のなかで聞こえた〝廃墟の声〟

一通りの探索を終え、ロビーに戻る。

秋の陽が西に傾き、気温は一気に一桁まで低下し、暗闇が支配する領域を加速度的に増やしてゆく。

「廃墟」である時間はもうすぐ終わり「逢魔が時」へとその表情を変える。

視覚が徐々に奪われるが、故意にフラッシュライトを点灯させず佇《たたず》む。

落書きに覆《おお》われた無機質な壁が闇に沈み、感覚が聴覚へと集中する。

ガッシャーン！　と遥か頭上の階層で、鉄扉《てっぴ》が大きな音を立て閉まる音が聞こえる。

もちろん、破壊されつくしたホテルに、開閉する扉など存在しない。

ドアの音が消えると同時に、顔を持つ幾つもの落書き達が、囁《ささや》くように「クスクス」と笑う。

ポーチから取り出したライトのスイッチをそっと指で押す。

ライトのレンズからは眩《まばゆ》いほどの光が放出され、漆黒を切り裂く。

地下へと向かう階段。厳密には斜面に建っているため、2階がロビー、地下は1階となる。在り得ない位置に落書きが描かれている。

笑い声は一瞬で消え、晩秋の静寂が空間を包み、現世へと精神を引き戻す。

ドアの音も、囁くような笑い声も、それが現実なのかはもはやわからない。

自身の心が、厚塗りされた建物内の「念」とシンクロして聞こえた幻聴なのかもしれない。

建物の外に出る。

夕日の色を受けた遠くの日本海が美しく煌《きら》めき、澄んだ空気のなか、頭上を覆うような星たちが静かに光を放ち始める。

深いコントラストを帯びた、美しい光が「呪われたホテル」を穏やかに照らす。

負のオーラを纏《まと》った外観が、一瞬だけ美しく見えた気がした。

時間が経過しても朽ちない堅牢な外観だが、非常階段は２階部分から無惨に千切れ落ち、転がっていた。

廃村の歩き方
栗原 亨

廃村・峰(東京都)

建物が自然に沈んだ首都のザ・廃村

映画に出てくるような、ゴーストタウン。

誰も存在しない町に廃れた建物群だけが残り、喧騒は消え、風の音だけが聞こえる。

廃墟フリークとしては最高の素材ではある。

大陸のような土地が有り余る国ならともかく、狭い島に一億人が住む日本には、そんな町は有り得ないと思っていた。

世紀を跨ごうとしたあるとき、こんな情報を得ることができた。

「廃村なら東京にありますよ」

ネットで知り合った壮齢の男性から、信じられない話を聞いた。

「奥多摩《おくたま》にあるんですが、峰《みね》という廃村です」

残念ながら、いわゆるゴーストタウンではないが、一つの集落が廃墟と化し建物の集合体が朽ちていく……。

有り得ないと思っていた、「村」が現実に存在するのだ。

ときめく気持ちを抑《おさ》えながら、早速、次の休日に車を走らせていた。

鳩ノ巣《はとのす》駅から登山道を登る。

節制をしていない体には、かなりの負担がかかる。

爽やかな空気と、涼しい気温が救いだ。

周りには無限にも見える樹々が生い茂り、車両などが通ることができない山道が続く。

確かに住所は東京であるが、ロケーションは限りなく東京とは対極に位置する。

「人が住める場所じゃないよ……」小さく呟《つぶや》きながら重い足を前に踏み出す。

一時間以上登ったであろうか。場所を間違えたか？　と思った矢先、石造りの遺構が見えた。

近くには瓦の残骸や、瓶や瀬戸物の破片。

人間の生活していた痕跡が少しずつ増えてきた。

樹々が少なくなった斜面が平らにならされ、土台の石が転がる。

様々な人工物が増えていくなかで、かつてここに「人」が暮らしていた確信を得た。

興奮で疲れを忘れる。さらに十分程度進むと、建物が現れる。

完全に倒壊した家屋もあるが、まだ普通に形を保っている二階建ての家もある。

まさに小さなゴーストタウン。いや、ゴーストビレッジと言ったほうが正解だろう。

大きな立派な家は、窓やドアが壊れているが、まだ手を入れれば住めるほどだ。

重機も入らないこれだけの山奥に、どうやってこれだけの家屋を建造したのだろう。

そう思うほどの規模だ。

正確な軒数はわからないが、現存三軒、倒壊五軒、土台のみが十軒程度。

村を放棄し、山を降りる際に負担になるので、ほとんどの「物」を放棄していったため、生活の痕跡が残ったままだ。

豊かな大自然、美しい景色……。

ただし、それを上回るだけの不便さとの共存であったのだろう。

延々と引き継がれたその生活も、生業であり収入源であった林業の衰退とともに、完全に潰《つい》えた。

苔むした墓石が十数基、一か所に身を寄せながら残されている。

歴史の積み重ねを、具現化して建っているようだ。

風雨に耐え山の樹々の間に数件残っている家屋。東京都に絵に描いたような廃村が残る光景は不思議ですらあった。

ここにお参りに来る子孫も、もういない。

廃村——かつてそこは人々の生活が繰り返され、村民にとっては大切な「土地」であった。

時代の波に飲み込まれ、生活様式が変わり、文化さえ変容してゆく。

そんな潮流のなかで、この村も変化から取り残されたことは間違いない。

イメージのなかのゴーストタウンのように、喧騒が消え、鳥のさえずりと風の音のみが聞こえる「村」。

樹々の木漏《こも》れ日に浮かぶその集落は、幻のように今も存在し続ける……。

長き夢とともに……。

十七つの家（茨城県）
生活の痕跡が異常に残る村

茨城県郊外の峠道へと続く県道。

渋滞するほどの交通量はではないが、ひっきりなしに車が通り、生活に根付いている。

雑草が高く生い茂る奥に、人の目を避けるように住宅地が存在する。

手入れを長い期間怠っている住宅は、汚れて窓も割れ、人が住んでいる形跡はない。

山奥などに破棄された「廃村」とは違い、古くはあるが現在でも使用されているタイプの一般的な住宅である。

正確な軒数は数えていないが、十七軒近い戸数の住宅が立ち並ぶ。

普通の住宅地の「番地」を形成できる程度の規模だ。

いわゆる廃村と違い、日常の生活感のある町に人間だけが一人もいない。

アメリカのゾンビ映画の舞台となる町のような、違和感を持つ。

現代の日本において、有り得ないような光景なのだ。

住宅地を構成する車道はアスファルトで整備されてはいるが、脇には雑草が生い茂り至るところにヒビが入っている。

かつて手入れの行き届いた庭は荒れ果て、完全に植物の支配下へと置かれていた。雑草をかき分け、室内へと入ってみる。

十年近く放置されたようで、家屋は廃屋と化している。違和感がさらに増幅する。

ほとんどの「物」が残されているのだ。先ほどまで家族が暮らしていた生活の場に、家人だけが消え去り十年の歳月が過ぎた、そんな空間に足を踏み入れたような感覚なのだ。

幼少期に読んだ、太平洋に浮かぶ幽霊船の記憶がよみがえるほど、異常なほどの残留物。

かつて「夜逃げ物件」を何軒も見てきたことはあるが、それ以上のレベルである。

ひとしきり、室内を探索し隣の家へと移る。

玄関の鍵は施錠されているものの、縁側の窓は破壊されており、簡単に潜入できる。

この家も、先ほどとほとんど変わらず、家具はもちろん、家電、衣服、生活用品、装飾品に至るまで見事に揃っている。

まるで、災害が押し寄せてくると言われ、着の身着のまま集団で避難し、そのまま誰も戻らない。そんな形容が一番しっくりと合うような状態である。

似たような住宅地が、三浦半島に存在した。「湘南田浦ニュータウン」である。

そこは、バブル期にリゾート別荘地開発を行うため、住人をすべて立ち退かせた。

しかし、バブルがはじけ、開発は頓挫《とんざ》したうえに会社は倒産。

残ったのは、住人が立ち退き、家やアパートのみが残った「廃屋の集合体」であった。

そのため順序立てた立ち退きだったので、不要な古い家具やガラクタなどは放置してあったがすべてが残った家は一つもないはずだ。

そのような「物」の残り方であれば、開発の失敗という明らかな理由がわかるのだが、ここにはアルバムや賞状などの思い出の品さえ残されていないのだ。

また、高齢化が一気に進んだ集落かとも思ったが、若い世帯や、小さな子供のおもちゃや服などの残留物も多い。

いくつかの家の大量に残る残留物から原因を探し出したが、まったくというほど核心には近づけなかった。

もちろん大きな事件性があれば、メディアでも取り上げているだろうから、そういった理由は存在しない。だが、完全に説明できるだけの証拠もない。

こうして「怪異的」な伝説が作られてゆくのだろう。しかし、それがまったく根拠のない都市伝説ということもまた、証明できないのである。

普通の住宅街のようだ。大きく違うのは人が居なくなった瞬間から、植物の支配がはじまり家屋を飲み込んでゆく。

家の中に残された様々な生活の跡。立ち退きや高齢化では考えられない品々が置き去りにされていた。

テーマパークがそのまま残る「平成の廃村」

柏崎トルコ文化村（新潟県）

一般的に廃村のイメージは、山奥の限界集落が破棄され朽ち果てた様を思い浮かべると思う。

しかし、こんな「廃村」も存在する。

昭和が終わる頃に起きた「バブル経済」で、様々な国のテーマパークが乱立した「●●村」である。現在も一部が存在し、心霊スポットとして有名になった「新潟ロシア村」。更地になって消え去った「岡山ニュージーランド村」。今も現役で開園している「東京ドイツ村」（実際は千葉県）、「長崎オランダ村」などである。例外ではあるが、本物の廃村を転用しテーマパークにした茨城県の「ゆうもあ村」なる廃墟も存在した。

廃村がテーマなので、そのなかでも総合的に、様々な見どころのある「柏崎《かしわざき》トルコ村」を紹介させていただこう。

地名の通り新潟の海沿いである柏崎市に存在していた。

山間部のロシア村を見たあとに立ち寄った記憶がある。

特質すべきは、トルコという国をモチーフにしながらも、東西の様々な文化の交差点でもあった地理上の特性を生かし、神話や寓話《ぐうわ》を織り交ぜた作りであったことだ。

別の角度から見れば「神話村」でも問題ない内容であった。

海側の小高い丘に作られた「トロイの木馬」。

トロイ戦争は後世において歴史的事実であることが証明された有名な物語であった。ほぼ三階建てに匹敵する展望台的な役割を持ち、木造で建てられた佇まいもなかなかの建造物である。

奥の山側に進むと見えるのはなんと「ノアの箱舟《はこぶね》」。

聖書に登場する逸話で、現実の話だとはされていない。しかし、トルコの高山で箱舟の木片が見つかったなどという都市伝説もあり、神秘的な船である。

内部は資料館や展示施設、子供の遊び場などに使用されたようだ。

かなり堅牢に作られており、廃墟と化して四年たった現在でも、雨漏り一つない。

さすがノアの箱舟だ。

木馬と箱舟の間に位置するセンタードーム。残留物から推測してイベント会場や土産物屋などを兼ねていたようだ。「村」最大の建物。

ノアの箱舟を模した建造物。集合住宅規模の大きさがあり、かなり丁寧に造りこまれている。水に浮いてもおかしくないほどのクオリティーだ。

メインの庭園には、水に囲まれた野外劇場がある。

オリュンポスの神々が立ち並ぶ街路が神殿に向かい真っすぐに延びている。

神殿のなかにはなんと「アレキサンドロス大王の棺《ひつぎ》」の実物大のレプリカが展示されている。

かなり精巧に作りこまれ、なかなかの出来である。バブルの潤沢《じゅんたく》な予算の賜物であろう。

当時、有り余る資金を投じて、建造された「村」系のテーマパーク。

平成が始まる頃に狂乱の時代は終わりを告げ、リピーターを呼び込む施設の拡充を行えなくなり、体力を奪われ衰退してゆく。そして銀行からの融資も打ち切られたのか、再開の目途もなく休園したまま廃墟と化してゆく。

もちろん、テーマパークの廃墟なのだが「トルコ村」だけに間違いなく廃村でもある。

冒頭の本当の意味の廃村ならば、こちらは平成の廃村になるのだろう。

さて令和の廃村は、どこで、どんな特徴があるのか？　今から楽しみでもある。

松尾鉱山　緑が丘住宅群（岩手県）

雲上に佇む日本最大級のゴーストタウン

一般的な「廃村」とは明らかに規模や歴史は異なるが、産業の衰退により建物群が、棄てられた有名「巨大廃村」が日本に二か所ある。

一つは基幹エネルギー産業が、石炭から石油に変わったことで終焉を迎えた「端島《はしま》（軍艦島）」。もう一つが、今回紹介する「松尾鉱山　緑が丘住宅」である。

松尾鉱山は、岩手県八幡平《はちまんだいら》市の、標高約千メートルの高所に位置する硫黄《いおう》鉱山であった。

一八八二年に硫黄鉱床の巨大な露頭が発見され、肥料や火薬などに使われる硫黄の需要の高まりとともに拡大を続けた。最盛期は、従業員の家族や、付帯設備の職員も含め一万五千人の人口を数え小中学校、病院までが建設された。その産出量は東洋一と謳《うた》われる。

多くの平屋住宅や、三階建て程度の独身寮も造られたが、特筆すべきはメインの社宅である「緑が丘住宅」だ。

シェルター通路。このようにすべての建物が、屋根と壁を有した通路で結ばれていた。冬期の外界へ出るのはかなりの困難を極めたためだ。

鉄筋コンクリート四階建ての高層団地が十一棟並び、冬期の積雪対策のため、すべてがシェルターによって繋がっている。また、氷点下十度以下の厳寒対策のため、日本初のセントラルヒーティングが各戸に整備されていた。

斜面の一番下に位置する団地の中央に共同浴場が造られ、通路や階段の左右に並ぶ商店には、東京の百貨店並みの商品が並んでいたという。当時の時代背景や経済、環境から考えても、現在、東京の湾岸地域に乱立しているタワマン以上のレベルといっても差し支えないだろう。

この、硫黄に支えられた先進的で巨大なコミュニティは「雲上の楽園」と呼ばれ、

数メートルも降り積もる雪。氷点下 10 度以下の極寒のため、サラサラと舞い小さな隙間からも侵入する。

小中学校の体育館の内部。小さな窓からも粉雪が吹き込み、床一面を覆う。廃墟としては美しい光景であるが、過酷さを物語る。

東北はおろか日本でも最高の町として栄えた。

そんな楽園にも、終焉の時が訪れる。

原油の精製段階で、硫黄が副生成物として生産できるようになり鉱山から採掘する必要性がなくなったのだ。

一九六九年、鉱山は廃坑となり一世紀に近い歴史の幕を閉じた。

それに伴い、従業員の社宅であった「雲上の楽園」も役割を終え、現在まで半世紀にわたる廃墟として歴史を刻み続ける（多数の木造平屋住宅は火災の延伸実験と称して、人工的に燃やされた）。

人々が消え去り、その地に残った建造物がゆっくりと形を失い、植物に侵食され大地に飲み込まれてゆく。

その光景は、もはや恐怖をも凌駕し、荘厳な美しさすら感じる。

廃村が誕生する経緯のほとんどは、残念ながら怪奇譚ではなく、産業の衰退や自然災害などが原因であろう。

もちろん、近代以前から存在し現在も発見されていない「廃村」があるとするなら、その限りではないが……。

永谷集落（福井県）
ダムに沈むはずだった廃村

生業となる産業の衰退で、廃村になった村を紹介してきた。

それらの多くは山間部に位置していたが、正反対の「谷間」に位置する廃村がある。

周りは山に囲まれてはいるが、生い茂る樹木もなく、農場に適した平らな土地が広がる。

一見すると、綺麗な車道も整備され、インフラも整い、住民が村を棄てる要素は感じられない。

しかし、村の中央の小高い場所に位置する神社や寺に訪れる人もなく、寂れ朽ちていくのも時間の問題だ。

どんな怪異や事件に見舞われ、ここの人達はいなくなったのだろうか？

村内の廃屋に「ダム建築反対」という木製の看板が掲げられている。

この村は本来、ダムに貯まった水の底に沈むはずの村であったのだ。

一九六五年、隣接する京都地域の電力確保のため、集落の横を流れる永谷川《ながたに》をせき止めるダム工事が決定された。

関西電力が主導する水力発電所「芦生《あしう》挙原《あげはら》揚水ダム」。多くの市民の生活を支える一大公共事業。

村民は先祖代々受け継がれてきた大切な土地を手放さねばならず、まして故郷は水没し、二度と帰ることすら叶わない。

そんな決定に苦渋の決断を迫られたのだろう。

もちろん近代の話であるので、十分な保障と住むところの代替地などは確保されたのだろうが、心情的にはそう単純なことではない。

永谷集落は水没する三つの集落のなかで最後まで反対したが、沢山の人々の利便性を考え、最後は従わざるを得なかったのだろう。

しかし、決定から工事までの準備期間が長引き、恐ろしい速さで環境や状況を変化させていった。

京都大学が所有する、研究用原生林「芦生の森」の保護の必要性や様々な社会情勢の変化のため、ダム建設が中止となったのだ。

しかし、立ち退きから中止決定の期間が長く、家屋は劣化し、すでに土地は自治体の所有となり、住民たち自身も新しい土地での生活が軌道に乗った。

そんな状態で村民は戻らず（戻れず）、最後の一名が移転した一九八五年から廃村となり、現在まで存在し続けるのだ。

基本的には、高齢化が進み順番に廃墟化していった廃墟と違い、現役世代の引っ越し物件なので、残された品々は少ない。

しかし、いらなくなって破棄していったものや、転居時にすでに廃屋になっていた家屋などは、古い物がそのまま残されている。

前述の神社も、移転先に新しい社殿が作られているためか、御神体のみがなくなっている状態だ。

山林に家屋が点在する「廃村」と違い、平らな土地に一定の間隔で様々な家屋が立ち並ぶ様は、童話で見た「隠れ里」のようでもあった。

牧歌的な集落から、人間と生活の痕跡だけが無くなった光景。

様々な廃村を見てきた私ですら、かなり強烈な違和感を覚える。

廃村――本来、存在すべきではない、住居の集合体である集落に人々がいない空間。

公共性の高い事業とはいえ、先祖代々受け継いできた想い出の「地」が消えるのは辛い。心の叫びが聞こえてくるようだ。

一般的な廃村のイメージである山奥ではない、谷間の廃村。手前には川が流れ普通の車道が村の中を走る。

村の象徴でもあり、心の拠り所でもあった神社。ご本尊は移設されているが、社は綺麗に残っている。村内にはお寺も存在した。

冷静な眼で見て分析できれば問題ないが、夜間に肝試しなどで訪れたとすれば、それは途轍《とてつ》もなく恐ろしい場所に感じるだろう。

長い年月をかけて代々住み続けた土地には、村民たちの気持ちが根付いているに違いない。

公共のためにその土地をやっとの決意で立ち退き、その行為が徒労に終わったのを知ったとき、はたしてどんな気持ちになったのであろう。

そんな思いを馳せたとき、ここは心霊の棲む廃村ではなく、過去の住人たちの気持ちが残る聖域なのではないかと思う。

牛首実話怪談

映画の舞台となった坪野鉱泉、牛首トンネルで実際に起きた怪奇事件のほか、映画にちなんだ双子に纏わる実話怪談、禁忌の風習など戦慄の村怪談を紹介する。

禍地　しのはら史絵

富山県射水市に住んでいた下瀬《しもせ》さんという男性が、二十数年前に体験した話だ。

「学生だった頃、大学近くのファミレスで、ウエイトレスをしていた女の子に一目惚れしましてね。直美さんという可愛いらしい女性でした。私も若かったんですねえ、玉砕《ぎょくさい》覚悟で彼女に猛アタックしました……まあ、それが事の発端だったんですが……」

最初は警戒していた彼女も、下瀬さんがファミレスに足しげく通っているうちに、徐々に心を開き始めたという。

「通い始めて四か月過ぎた頃かな、ようやくデートの誘いにOKしてくれましてね……ただ、その初めてのデートが失敗しましてね」

赴《おもむ》いたのは、今も恋人たちが集う聖地として有名な海王丸パーク。

射水市のベイエリアにある公園で、真っ白な帆が美しい船・海王丸と雄大な青い海が見渡せる。夜になればライトアップもされ、下瀬さんはロマンチックな気分に浸《ひた》ったところで、「付き合ってください」と告白する予定であったが、彼の筋書き通りにはいかなかった。

　夏休みということもあり、その日はイベントが開催され観光客も多く、公園内は一層混雑していた。疲れて休憩を取ろうにもパーク内の飲食店には長蛇の列ができ、園内のベンチも人で埋まっていた。タイミング悪く雨も降り始め、顔に疲労感を滲《にじ》ませた彼女の「今日はもう帰ろう」という一言で、告白する間もなくデートはお開きになったという。

「私も経験が浅かったんですよねえ……その都度、上手く対処ができなくてあたふたしてしまって。かっこ悪いところを彼女に見せちゃったなぁって、落ち込みましたよ」

　その後、猛省した下瀬さんは恋愛指南本を購入、読み進めていると〈吊り橋効果〉という項目を目にした。吊り橋効果を簡潔に述べると、恐怖や不安を一緒に体感すると、お互いに恋愛感情を持ちやすくなるという心理的効果である。人は怖いと思ったときに生じるドキドキ感を、恋愛のときめきであるように混同する場合があるそうだ。

「これは使わない手はないと思ってしまったんです。で、県内で怖いところを思い浮かべたら、坪野鉱泉を思い出しまして。私も一度は行ってみたかったんですよね」

　当時から坪野鉱泉は心霊スポットとして知られていたという。また、県内では暴走族のたまり場となっているとの噂も流れていた。

「あまり知られていませんが、富山県って暴走族発祥の地って呼ばれているんです。あの頃はすごかったですよ。富山駅前にある城址大通りは夜になると暴走族が集まってきて、もうめちゃくちゃでした。警察も連日のように見張っていましたし」

坪野鉱泉にも暴走族が集まっている——その噂は気になったが、暴走族が集合するのは夜と相場が決まっている。下瀬さんは坪野鉱泉には昼間に行くことに決め、直美さんに電話をかけ誘ってみたという。

「最初は幽霊が出たら怖いからって嫌がってましたけど、他の人も行くならって了承してくれました。そのとき、直美さんは〝A子さん〟を誘ってみるって言ったんです」

A子さんとは直美さんの従姉《いとこ》であった。友達ではなく従姉を呼ぶことに少しだけ違和感を覚えたが、特に理由を聞かずに流してしまったという。

きっと、不安だから仲のいい従姉を呼ぶのだろう。それに女の子がもう一人来るなら、自分も男友達でも誘ってWデートにすればいいと軽く考えていたという。

それから、下瀬さんはさっそく大学内で一緒に行く人を探した。そして当日のメンバーは下瀬さんの他に彼の友人である吉田さん、直美さん、A子さんの四人に決まった。

初めて会ったA子さんの印象は〈大人っぽいが不思議な人〉だった。

「坪野鉱泉に長居する気はなくて、そのあとドライブも楽しむつもりだったんです。で、朝早く七時頃だったかな。全員、待ち合わせ場所に集まったら――」

A子さんは開口一番、「今日は（坪野鉱泉に）辿《たど》り着かないと思うよ」と笑って言った。

「え、どういうこと？」不可解に思った下瀬さんがそう尋ねてみても、A子さんは微笑《ほほえ》むだけで、何も答えなかったそうだ。

「この子と一緒にいると気疲れしそうだなって。でも、好きな子の従姉だからねえ」

運転は下瀬さん、助手席には直美さんが座り、後部座席には吉田さんとA子さんが座った。車中で下瀬さんは気を使って場を盛り上げようとしていたが、A子さんに話しかけても、相変わらず柔和《にゅうわ》な笑みを浮かべているだけだった。

途中、休憩を挟みながら国道八号線を延々と走った。魚津から県道五十二号を経由して六十七号に入ると、長閑《のどか》な山道が続いた。この道をこのまま走っていけば、坪野鉱泉に辿り着く。が、山道はカーブが多い。気分が悪くならないかと下瀬さんが直美さんに声をかけようとすると、後ろに座っていた吉田さんが急に大きな声を上げた。

「お、おい、A子さん、なんだか様子がおかしいぞッ」

急いでルームミラーで確認する。と、A子さんは白目を剥きながら、ガクガクと身体を痙攣《けいれん》させていた。

下瀬さんは慌てて急ブレーキをかけ車を停めた。

「その頃、携帯電話はまだまだ高価でね、私たちは誰も持っていなかったんです。このまま走って民家を探すか、持っているポケベルで誰かに連絡して救急車を手配してもらうか一瞬迷いました。その一瞬の間に――」

「あ、あれ？」

車の後方が深いぬかるみに入ったかのように沈んでいった。アクセルをいくら吹かせてもタイヤが空回りするばかりで、激しいエンジン音と共に車体がずぶぶと、沈んでいく。

「どうなってんだ、こりゃあ！」窓を開けて下を見た吉田さんが叫んだ。下瀬さんも窓から下を覗くと、先程までアスファルトだった道が泥沼のようになっていた。車の下だけではない、フロントガラスから外を見ると前方も沼地のように変化していた。

「どうするよ、これじゃ出られない！」出たら自分たちも沈んでしまう。

慌てふためいていると、A子さんが静かに口を開いた。

「あそこに行こうとするからよ」彼女の声で車内は静まり返った。三人がA子さんを見ると、痙攣も治まり白目も剥いていない。先ほどと同じような微笑みを浮かべて座っていた。

「A子ちゃん、どうすればいいの？」直美さんが涙声で問いかけた。

「もう二度と行かないって、誓ってお願いすれば大丈夫」

A子さんは穏やかな笑みを浮かべ、そう答えたという。

「藁《わら》をもすがるって本当にあるんですね。全くわけが分からない状態だったんですけど、直美さんは俯《うつむ》いてブツブツと聞き取れないぐらい小さい声で呟いているし、吉田は〝もう行きませんから〟って泣いて叫ぶし。私は目を閉じて、〝二度と来ませんから許してくださいと、ただただ祈っていました」

どのくらい時間が過ぎたのか――気がつくと、泥沼状態だった道はアスファルトの道路に戻り、辺りは静寂に包まれていた。

それから四人は元来た道を引き返し、家路を急いだ。帰りの車内は皆、疲れ切っていたのだろう、誰も口を利く者はいなかった。坪野鉱泉に誘った下瀬さんは皆を大変な目に遭わせた負い目もあり、全員をそれぞれの家まで送っていったという。

「場所は言えませんが、一番遠いA子さんの家が最後だったんです。彼女に聞きたいことは山ほどありました」

なぜ坪野鉱泉に辿り着けないことを知っていたのか。

あの道路の異常な状態を予知していたのか。

車内で起きたA子さんの身体の変化はなんなのか。

もしかすると、あの道路の異常な状態はA子さんが起こしたのか。

そもそもA子さんとは何者なのか――。

「ここよ」A子さんの声で我に返った下瀬さんは、車を停めた。

目の前には大きな鳥居があった。すでに日が暮れていて参道の奥はよく見えなかったそうだが、鳥居の堂々たる風格からしても歴史ある神社なのだろうと感じたという。

実家が神社ということは――彼が質問しようとすると、A子さんに遮《さえぎ》られた。

「いい、これだけは覚えておいて。救ったあなたたちの命の代わりに、必ず亡くなる人が出る。あそこはそういう土地なの。昔はそうじゃなかったんだけどね。今は禍々しいモノが巣くっているから、穢《けが》れてしまったの」

そう言い終わるとA子さんは呆気に取られている彼を残し、鳥居の奥へと消えていった。


この話には後日談がある。

「そのあと数日経って、やっと落ち着いてきて。直美さんに会いに行ってA子さんについて聞いてみたんです。だって、どう考えても只者《ただもの》じゃないでしょう？」

直美さんがA子さんを誘ったのは、やはり何かあったときのために、とのことであった。

ただし、それはA子さん自身の力ではなく、彼女に憑いているとされる〈守りのモノ〉を当てにしてのことだった。A子さんの家は直美さんの家からみて本家にあたる。そして代々神職を世襲している本家には、古くから〈守りのモノ〉と呼ばれている存在がいるらしい。直美さんはその存在を親から聞いて知ってはいたが、半信半疑であったそうだ。

「それだけじゃないの。まだ、驚くことがあって……」直美さんは俯きながら話し出した。

あの日、坪野鉱泉に赴いた日、A子さんは四十度近い高熱を出し、家で寝込んでいたという。

「信じられないでしょ？　でも、本当なの。あれから私、A子ちゃんの家に電話をして」

電話にはA子さんの母親が出た。A子さんに代わって欲しい旨を告げると、前述した通りのことを説明されたらしい。

「命に別状ないけど、今も熱が下がらなくて結局入院したんだって。それでまだA子ちゃんとは話ができていないんだ。A子ちゃんのお母さんに坪野鉱泉のことを話すと、怒られるから聞けないし……つまりね、あの日一緒に行ったA子ちゃんは、本人じゃないの」

唖然《あぜん》とした。それでは、あのときのA子さんは――。

直美さんによると、おそらく〈守りのモノ〉ではないか、とのことだった。

心配してくれたA子さんが飛ばしてくれたのだろうか。A子さん本人を禍々しい場所に行かせないように、〈守りのモノ〉という存在が熱を出させたのだろうか。

「それから直美さんともギクシャクしてしまって、会わなくなってしまいました。だから、真相は分からずじまいなんです。ただ、あのときA子さん、いや、A子さんに成り代わっていたモノが、〝救ったあなたたちの命の代わりに必ず亡くなる人が出る〟って言ってましたよね……私は今でもそれが気がかりなんです……」

下瀬さんが体験したこの怪異は、一九九六年以前の話である。一九九六年には坪野鉱泉に向かった二人の少女が行方不明になった事件が起きた。二人の遺体は近年発見されたが、事件なのか事故なのか原因は不明なままである。

「もしかすると、自分たちが行ったせいで、とも考えてしまうんですよね……彼女たちが失踪した日の足取りも、重なる部分が多いし……」

彼は不安に満ちた表情でそう語った。

牛首トンネル　営業のK

昔はよく馬鹿なことをやっていた。

二十代の頃、俺は頻繁に仲間たちと心霊スポット巡りをしていた。

その中に、石川県と富山県の県境にある牛首トンネルというものがあった。正式には宮《みや》島隧道《じまずいどう》といい、内部で焼身自殺があったなど色々な話があるが、当時仲間内で出回っていたのはこんな噂話だった。

あるグループが心霊探索のドライブに出かけたが、その中に霊感の強い女の子がいた。彼らは牛首トンネルにやってくると車を停め、そこからは徒歩で詳しく調べようということになった。

しかし、霊感の強いその女の子はどうしても嫌だと拒否した。そこで仕方なく、女の子一人を車に残し、残りのメンバーで内部を探索することにした。

中を進むと、朽ちた人形が落ちていたり、壁のしみが人型だったりと、そこそこ怖い思いはしたものの、結局、幽霊らしきものは目撃できずに車に戻ってきた。

車のキーはロックしてあった。

だが、車内に残してきた女の子を見た瞬間、彼らは絶句した。

彼女はヘラヘラと笑いながら、意味不明の言葉を発していたのだ。

そして、車の窓という窓に無数の手形が残されていた。

彼らは慌てて車に乗り込み、彼女を病院へ運んだ。あとで分かったことだが、車についた手形は車の外側だけではなく、内側からもサイズの違うものが多数つけられていた。

結局、女の子が正気に戻ることはなく、今も精神病院に入院したままだという……。


そんな内容であった。

そこで、どうせ作り話だろうと思いつつも男三人で行ってみた。

実際行ってみると、牛首トンネルは車一台通るのがやっとというくらい狭い。しかも、予想していたよりかなり短かった。入り口から、既に出口が見えている。

大体、五十メートルくらいだろう。

車を停め、俺たちは歩いて中に入った。少し行くと、本当に朽ちた人形、それも首の部分だけが、お地蔵様の横に置かれている。かなり尻込みしてしまったが、よく見ると壁はスプレーでところ構わず落書きがされている。

（結構、来てるやつ多いんだな……）

そう思うと、勇気が出てきたというか、気分が落ち着いてきた。

結局、お地蔵様を見たあとは何もないまま、トンネルの向こう側に出た。

「まあ、こんなもんか？」

俺たちは互いに安堵の表情を浮かべると、もう次のスポットの話をしながらまたトンネルを通って車に戻ることにした。

歩き出してすぐ、あることに気がついた。

自分達以外の足音が聞こえる。

しかも、アスファルトの上を、足を引きずって歩くような音だ。

他の二人もそれに気付いたらしいのは、彼らが無言になったことで伝わってきた。

口には出さない。

出したらおしまいのような気がしたから。

全員、示し合わせたように早足になりながら、なんとか外に脱出。

我先にと車に乗り込み、そこで初めてトンネルのほうを見た。

（え……）

車のライトの中、一瞬だが、何かが目の前を横切るのが見えた。

「出せ！」

「お、おう」

急いでその場を後にしたが、その後、俺ともう一人は原因不明の高熱でしばらく寝込むこととなった。

後で知ったことだが、あの場所で首なし地蔵の首を見ると死ぬ、とか、老婆の霊が車に乗り込んでくるという噂があるらしい。

やはり面白半分で行っていい場所ではなかったようだ。

トンネルの果て

久田樹生

三好君が大学生の頃というから、今から五年前だ。
彼は自転車による日本縦断を試みた。
出発は夏、宗谷岬《そうやみさき》からである。
本州に入ってすぐ、日本海側ルートを選択した。
元々関東の海側に住んでいたので、見たことがない景色が見たかったのだ。

ところが、ある日のことだった。
日が昇る前に出発し、予定通りある山道へ入った。
途中でトンネルが出てくる。
が、何故か入り口が近付くにつれて気持ちが重くなってくる。

いや、明らかに入りたくない気持ちが勝ってきた。
初めての感覚に狼狽《うろた》えながら、ペダルを止める。
小さめなトンネルで、何処《どこ》をどう見ても変わったところはない。
しかし入りたくない。
入ったら良くないことが起こる気がする。
単なる勘でしかないが、それ以外浮かんでこない。
朝の青い光の中で躊躇《ためら》っていると、スマートフォンが鳴った。
見ると、非通知だ。
数コールくらいで切れた。
もう一度トンネルを見るが、やはり厭《いや》な予感しかない。
迂回《うかい》することを決め、来た道を戻った。
少し大きめの道路へ出たとき、またスマートフォンに着信があった。
母親の携帯だった。
取ると、さっきも掛けたという。非通知のあれだろうか。何時くらいだったか訊けば、
まさに非通知の着信時間辺りだった。

だが『非通知にして電話などしていない』と言う。

何かのエラーだろうか。用件を尋ねた。お盆に戻ってくるかの相談だった。が、今年は自転車旅の途中になる。だから帰れないと答えて通話を終えた。

改めてペダルと踏もうとしたとき、後輪側から厭な音が響いた。

降りて確かめるが、どうにもなっていない。

なんだったのかともう一度ペダルに足を掛けた途端《とたん》、チェーンが切れた。

近場に修理できそうな店がないか、スマートフォンで探すが割と距離がある。

そして、何故《なぜ》か呼吸をする度、脇腹が痛むようになった。

どうしようもなくなり、我慢しながら自転車を押す。どれくらい歩いただろうか。耐えきれなくなる少し前に自転車店へ辿り着いた。

息も絶え絶えな三好君に驚いた自転車店の主人が、家に上げて休ませてくれる。その間に、自転車は完全に直して貰《もら》うことが出来た。

まだ本調子ではないが、修理代と休ませてくれた分を包み、自転車店を後にする。

以降も痛みは強くなっていき、途中でビジネスホテルに一泊してしまった。

これ以上の輪行《りんこう》は無理と判断し、翌日、関東へ帰ったという。

病院へ行ってみると、肋骨にヒビが入っていた。

そして後で分かったが、あのトンネルに入れなかった日、母親は彼に電話など掛けた覚えがなかった。盆の予定も訊いた記憶がないらしい。

そもそも、自転車旅のスケジュールを知っていたので、戻ってこないと思っていた。

ただ、スマートフォンには非通知と母親携帯からの履歴が残っている。

今になって考えると、母親の声の後ろで少しおかしな音が聞こえていた。

工場内部のようなノイズと、金属同士が擦《こす》れ合うような甲高《かんだか》い音だった。

◆

五木さんは、心霊スポットになっているトンネルへ足を運んだ。

彼女曰《いわ》く「真冬の真夜中でやることがなくて、単なる暇つぶし」だった。

他に友人の女性ひとりと、その彼氏が参加になった。

時間は丑三つ時と言われる午前二時を回った辺りである。

入り口側にあった僅《わず》かなスペースに車を停め、徒歩で中に入る。

古いせいか、トンネル内部には照明がない。
それぞれスマートフォンのライトを点け、周囲を照らした。
落書きや塵《ごみ》が多く、ここへやってくる者の多さを思い知った。
三人の足音がやけに反響する。
ブーツの硬いヒール音や、スニーカーの靴底が擦れる音だ。
全員、なんとなく黙ってしまう。
トンネルの丁度真ん中辺りまで来たとき、友人の彼氏が口を開いた。
「写真撮るか」
スマートフォンのフラッシュが焚かれたが、光量不足か上手く写らない。
何枚写しても、全て失敗写真になった。
友達の彼氏が不満を露《あら》わにしたとき、突然彼が後ろに倒れた。
受け身も何も取らず、後頭部を強《したた》かに打つ。
失神したのか目を覚まさない。
救急車を呼ぼうと友人と大騒ぎしていると、その彼氏が跳ね起きた。
そして車がある方と逆側へ走っていく。

トンネル出口にさしかかった瞬間、友達の彼氏は前方に転んだ。

勢い余って、前転するような形だった。めくれ上がったアウターを戻した後、地面にべったりと座り込んでいる。

近づいていくと、彼氏はアスファルトにへたり込んだまま、キョトンとした顔で周りを見回していた。

何事か呟いているが、聞き取れない。

肩を叩いたり、揺らしたりしていると、彼は立ち上がった。

魂が抜けたような顔のまま、緩慢な歩みで車の方へ戻っていく。

しかし鍵が開けられない。手の中にリモコンキーが握られているが、上手くボタンが押せないようだ。子供のように癇癪《かんしゃく》を起こしだした。

「こんな姿、初めて見る」

友人は困惑している。このままでは埒《らち》が明かないが、どうしようもなかった。

突如、友人の彼氏が我に返った。

「――ごめん。なんだか分かんないけど、帰ろう」

今度は無事に鍵が開いた。そのまま皆で車に乗り、トンネルを後にする。

ところが帰路の途中、友人の彼氏がスピードを出し、危険運転を繰り返した。

何度か「これは死んだ」と思うほどだった。

家まで辿り着いたとき、無事の到着に感謝したほどだ。

その後、友人も自宅へ送って貰ったと連絡が来た。何度か信号無視をしたり、縁石へ乗り上げかけたりと危なかったらしい。


翌日、友人から連絡が入った。

彼氏が、借りている駐車場で自損事故を起こしたという情報だった。

ブロック塀に突っ込み、それが原因で軽い怪我を負ったと聞いた。

トンネルから帰ったときのことだった。

友人彼氏曰く。

〈トンネルへ行った後から覚えていない〉

〈気がつくと車をぶつけていた〉

訳の分からない事故だった。

友人がポツリと漏らした。

『今思うと、あそこで彼氏がハッキリ見えていたのって変だよね？』

照明のないトンネル。スマートフォンのライトも届かない場所だ。

遠く離れられたら、細かい動きなど分からないだろう。何か黒い物が動いている程度にしか感じ取れないはずだ。

しかし友人の彼氏が前転し、その後アウターを直す姿を二人は目《ま》の当たりにしている。

よくよく考えると、友人の彼氏だけが明るく見えていたような記憶もあった。

以来、あのトンネルには一度も足を運んでいない。

◆

長谷川さんは、オカルトが好きだった。

彼女の言葉を借りれば〈怖い物見たさで、好き〉である。

だから、時々友人たちを誘っては、心霊スポット遠征をしていた。

高速道路を使った移動だったので、かなり広い範囲にわたって探索の実績があった。

このスポット探訪は、ある程度決まったメンバーが参加することが多かったらしい。

だから、冗談で「私たちはオカルト探検チームだね」と笑いあっていたという。


三年ほど前、二十代後半を迎えた頃だ。

長谷川さんは、あるスポットへ再訪しようと計画した。

それは廃ホテルである。

ホテル周辺地域やネットでは〈○○県では最凶スポット〉という噂があった。

初めて訪れたのは二十歳になってすぐで、その頃はただ怖い怖いと騒いだ程度だ。

経験を積んできた今ならもっと別の視点で観察が出来る。そう思ったからこその再訪計画だった。

週末の夜はどうかと参加者を募ったところ、チームメンバーの殆《ほとん》どから断りが入る。

仕事、デート、イベントなど様々な理由だ。

最後にひとりだけ、同行オッケーだと返答があった。

井賀さんという同じ歳の女性だ。

『私が車を出すよ』と言ってくれたので、甘えることになった。


予定通り、週末の夜に計画は実行された。

春とはいえまだ肌寒い時季だ。アウターなどの用意をしておく。

日が暮れる前に迎えに来た井賀さんと合流し、途中のファミレスで食事を済ませた。

スマートフォンを駆使して情報を探しつつ、事前打ち合わせを終える。

廃ホテルは遅い時間だと暴走族が屯《たむろ》している可能性が高い。早めの時間に訪れるほうがよい。また内部に浮浪者が住み着いている噂もあるので、これも危険だ。だから、外部と入り口辺りで調査を済ませることにした。

女性二人である。スポット探訪に慣れているからこその判断だ。

ホテルの後も、近場のスポットを冷やかしにいく予定を組む。一応、車で通れるか、降りてすぐ目視できそうな場所に限定した。これもまた危険回避の為だった。

兎《と》に角《かく》、安全に楽しみ、怪我やトラブルなく帰ることが肝要である。

計画は決まったので、ファミレスを出た。一時間ほどで、廃ホテルに着く計算だった。

が、すでに周囲は暗くなっている。想像より日没が早かった。とはいえ、やめるのも気が引ける。とりあえず道端から少し入ったスペースへ車を停めて貰った。

懐中電灯、スマートフォン、コンパクトデジタルカメラを持って外へ出る。

記憶を辿り、建物に近付いた。前より荒れ果てているが、想像の範囲内だった。

建物外周部、入り口周辺だけ調べてみたが、ネットで詳《つまび》らかに語られている内容にそぐわない構造や矛盾点が幾つも見つかる。

「噂は噂だね」そう呆れる井賀さんと二人で写真を撮った。

遠くでバイクの爆音が聞こえ始めたので、慌てて逃げる。

次は路上にあるスポットだったが、車を停める場所がなく断念せざるを得なかった。

更に進んだ先に廃屋のスポットがあるはずだと進んでみる。だが、すでに取り壊された後だった。ひとつおかしいなと思ったのは、何故か更地の入り口に、お供《そな》えのように酒の一升瓶と花束があったことだ。これは写真に残した。

そして、次はトンネルだった。

ここはよくありがちなスポットである。

〈女性が死んでおり、トンネルの中間でライトを消し、クラクションを鳴らすとヒールの音が聞こえ、この世のモノではない何かが出てくる。その後、車のウインドウに無数の手

形が付いている〉

馬鹿馬鹿しいが、試しておいた。やはり何もない。

窓を開け、何度かカメラのシャッターを切ったが何も写らなかった。

ここまで回った時点でも、午後十時を少し過ぎたくらいで、まだ早い。

長谷川さんは、近くに他の心霊スポットがあれば、とスマートフォンで探した。

〈二年前、深夜、酔っ払いの男性が撥《は》ね殺されたトンネルがある。夜、そこへ行くと出口か入り口で撥ねられた人が出る。死んだことに気付いていないらしい〉

少し離れているトンネルだ。

行ってみるかと井賀さんに尋ねると、少し難色を示した。

かなり遠回りになるし、その前後は何もない。今、少しトイレに行きたいから、まずコンビニへ寄りたいが、そうするとそのトンネルから更に遠ざかる。そこから改めて行くのは少し面倒だ、と悩んでいるようだ。

まだ一度も行ったことがない場所だったので、長谷川さんはどうしても足を伸ばしたいと熱弁を振るった。

井賀さんは折れた。用を足して、少し休憩してからなら、と承知してくれた。

問題のトンネルまでの道は、何処にでもありそうな山道だった。

片側一車線で、道幅もそこまで狭くない。

緩《ゆる》い傾斜を登り切ったところで、ポッカリとオレンジ色に照らされたトンネル入り口が出てくる。

これもまたなんの変哲もないトンネルだ。

天井は高いので、トラックなどでも楽に通れるだろう。

中へ入ると、壁面や天井の罅《ひび》を補修した跡があった。開通からどれくらい経っているか分からないが、それなりに古いのだろうか。

向こう側へ出た。何も変わったことはなかった。道を少し下るとUターン可能なスペースを発見する。そこで切り返して、何度か往復してみた。

トンネル中央で何度か写真撮影したり、ライトを消してクラクションを鳴らしたり、動画撮影したりと試してみたが、どうやってもただのトンネルの姿しか記録されない。

考えてみれば、出口か入り口で撥ねられたのだから、トンネルの開口部で撮影すべきではないか、と井賀さんが指摘する。

その通りだ。来た方を入り口として、車を停めて撮影してみた。

ただ、どうもここで事故が起こるような気がしない。

進行方向から見た場合、そこに人が居ればすぐ目に入るからだ。

それは出口側も同じであり、疑問を抱かせるには十分だった。

長谷川さんはふと思いつく。

「ねぇ、私がトンネルの外に居て、井賀ちゃんが車を走らせながら中から観察する、ってどうかな？」

「どうだろ？　明るいトンネル内から外の暗いところに人が居たら、見えないかも」

試してみようと、長谷川さんは入り口付近で車を降りた。

井賀さんはそのままトンネルを通り抜け、向こう側で方向転換して戻ってくる。

ヘッドライトが近付いてきた。

トンネル脇からゆっくり歩いて行くと、何度かパッシングされる。

外へ出てきた車に近付くと窓が開く。そこから顔を出した井賀さんが、笑い声を上げながら言った。

「見えてるよ！」

長谷川さんは少しだけ考えた。そして、もう一度あちらから来てみて欲しいと頼んだ。

井賀さんは再びUターンすると反対側へ車を走らせ、切り返して来る。

（これならどうだろう）

トンネルの出口に、長谷川さんは仰向《あおむ》けに寝てみた。

ゆっくりとライトが近付いてくる。が、途中でハイビームにされた。

「何してんの！」

停車した加賀さんが降りてくる。いや、酔っ払いなら道路に寝っ転がっていたんじゃないかと思う、その再現もしておきたくて、と言えば、彼女は呆れ顔になった。

「もし、見えなかったら轢《ひ》いてたよ？」

長谷川さんははっとしてしまう。確かにそうだった。

謝りながら、アウターやジーンズに付いた汚れを払う。

丁度自分たちが来た方向へ車のフロントが向いていた。これ以上は何をしても無駄だろう。もう帰ろうと車に乗り込んだとき、井賀さんが疑問を呈した。

「あのさ、普通に考えたらさ……」

どうして酔っ払いがこんな場所に居るのか。繁華街は遙《はる》かに遠い。住宅はひとつもないし、タクシーで来る場所でもない。何かの目的でやって来る理由が見当たらない、と。

その通りだ。何故か、急に背中が寒くなった。

「ね、帰ろ」

長谷川さんの声に、井賀さんは応えない。

顔を見れば、ルームミラーを見詰めたまま、硬い顔になっている。

どうしたのかと尋ねれば、視線を外さないまま口だけ動かした。

「トンネル、あっちの出口に懐中電灯みたいな光が見える」

振り返った。

確かに何か光が見える。数はひとつだ。

青白いので、LEDライトだろうか。上下左右にフラフラ動いていた。

「誰か、歩いているのかな」

かもね、と同意したとき、光がすうっと天井近くまで上がった。

そして、そのまま路面すれすれに落ちる。

また光が上り、そして下る。何度も光は上下に往復を繰り返した。

懐中電灯を投げ、下で受け止めたのか。いや、その割に安定したラインで動いていた。

突然、車内にアルコール臭と排気ガスの臭いが充満する。

そして、鉄分を含んだ臭気が強く漂《ただよ》いだした。

光が僅かに大きくなりだしたような気がした。

車は急発進した。そのまま山道を下っていく。

もうルームミラーへ視線を向けられない。井賀さんも同じようだ。

這々《ほうほう》の体《てい》で幹線道路まで出たとき、明々《あかあか》としたコンビニが目に入った。

飛び込むように駐車場へ入る。後ろを振り返った。何もなかった。

店内に入って、人心地つく。

地元まで帰る道は、明るくて広い道が良いと話し合った。いくらオカルトが好きでも、自身が何かを体験すると、やはり肝が冷える。

出る前に買い物でも、と言えば、井賀さんがトイレに行くと言い出した。

トイレへ向かうその後ろ姿を見て、思わず声が漏れた。

彼女の着ていたライトブルーのアウターの背中。

その中央に、縦一文字に、砂汚れのようなものが付いていた。

大人の男性の親指くらいの太さで、首の付け根から、腰辺りまですっと引いたように。

声に驚いたのか、井賀さんが振り返る。今はこのことを言ってはいけない気がした。慌てて近付いて、背中を払った。砂は呆気なく落ちた。

「どうしたの？」

「ん？　糸クズみたいなのが付いてた。もう取れたよ」

何か納得できないような顔で、井賀さんはトイレへ入っていった。

見送りながら、長谷川さんは考える。

車から降りてから、いや、コンビニ内に入ったときにも気付かなかった。もしかしたら、今付いたのか。それとも他に納得できる理由があるのか。

もしや、これは本当に拙《まず》いことなのではないか。

その後、このまま帰ってはいけない気がしたので、途中のファミレスへ寄る。

途中、少しだけ仮眠を取って、明るくなり始めてから帰路に就いた。


次の土曜日だった。

夜、チームの皆と、長谷川さんがファミレスに集まって、報告会を行った。

このとき、先週の出来事を話した。井賀さんが着ていたアウターの件も含めて、だ。

井賀さんは驚いた顔をしたが、ああ、そうだったんだ、と得心がいったようだった。と
はいえ「何故その時に教えてくれなかったのか」と怒られた。

謝った後、その日撮影した写真や映像も皆に見せた。当然、何も写っていない。

メンバーが口々に意見を述べていく。

「この一升瓶と花、気になる」

「あ、トンネルのここ、人の顔に見えるね。多分、シミュラクラだろうけど」

誰かがこんなことを言った。

「井賀さんの背中、撮ってないんだ。撮影しておくべきだったのでは？」

「ドライブレコーダーがあれば、その変な光の映像が残ったかも」

確かにそうだと、全員で残念がっていると、メンバーのひとりが声を上げる。

「あれ？　何トンネルだったっけ？」

あの酔っ払いが轢かれたという噂のトンネルについて検索をしようとしていた。

「○○トンネルだよ。調べたら、昭和に開通したから隧道って書いているのもある」

長谷川さんの言葉に首を捻《ひね》る。

「ないよ？」

トンネル名は出てくる。しかし、酔っ払いが撥ね殺され、化けて出るという内容はひとつもヒットしないらしい。

そんなことあるわけがない。現に、長谷川さんはあの日に検索出来ている。

試しに長谷川さんを含む全員で再検索してみた。本当に出てこなかった。

ただ、該当トンネルでの、別の事故死データが見つかった。

若い男がバイクで転び、トンネル〈内〉で後続車に轢かれたというものだ。

それも何年も前の話だった。

全員が首を捻ってしまう。

もう一度そのトンネルへ行こうとなり、数台に分乗して向かった。

あのトンネルが姿を現す。

長谷川さんたちが行った検証と同じことを何度か繰り返したが、異変は起きない。

その内、男性のひとりがトンネル中央に寝転がった。

「ここじゃないかな、バイクの人が死んだの」

見れば傍《そば》の壁面に不自然な擦れた痕が残っている。とはいえ、関係あるのか分からない。

仰向けになった男性が、天井を見詰めながら馬鹿笑いを始めた。

「大人になって地面に寝るなんて、楽しい」

人が死んでいるのだからと窘《たしな》めて、その後何か所かスポットを回って帰った。

――が、それから二か月ほど後だった。

チームの男性が職場の事故で顔面挫傷、右腕切断の憂き目に遭った。

トンネルに寝転がった人だった。

そして、それから一か月も経たずに井賀さんに深刻な病が見つかった。

この病気発覚後、彼女は自宅近くで転び、深めの側溝へ転落、背中を強打した。背骨にかなりのダメージを負ったらしい。

チームの男性も、井賀さんも、長谷川さんたちの見舞いを断った。

連絡も途絶え、誰もコンタクトを取れなくなる。

その後、この二人は自死してしまった。ほぼ同時期だった。

どちらも〈この先続く人生を儚《はかな》んで〉という遺書が残っていたというが、伝聞なので定かではない。

最後、電話の向こうで長谷川さんがこんなことを話した。

『こんなご時世ですから、チームの活動は殆どありません。でも、実は、二度目にトンネルに行った後から、窓の外を通り過ぎる光が出るようになりました』

夜も更け、照明を消すと自宅マンションの窓の外を、スッと青白い光が通る。

カーテン越しに、かなり強い光だ。見ようによっては、トンネルで見た光に似ている。

一瞬のことで勘違いかと思うが、数日に一度か、数週間に一度起こる。

階数は七階で、足場がない窓だ。

加えて、そこに付けているカーテンは遮光カーテンであり、外部の光は通さない。

そして、ここ最近は光が三つに増えた。

横切る光が瞬きするような間に、三回出るのだ。

チームの人間たちとリモート呑み会をしたときに、訴えてみたこともある。

が、この話をすると長谷川さんのカメラが映らなくなり、音声も遮断されることが繰り返された。

電話で試すと、なんとか伝えられるらしい。

『今は電話だから話せました。……なんだか厭なんです。神社かお寺へ行きます。もう、オカルトはこりごり』

何も無い場所。

音隣宗二

五〇代の男性Kさんから聞いた話。

Kさんは地方の田舎町の出身。自然に囲まれた美しい景色の一方で、娯楽施設とは無縁な場所だったという。当時高校生だったKさんもそうした環境ゆえに大いに暇を持て余していた。

そこで頭に浮かんだのが〝何もない場所〟の探索だった。

〝何もない場所〟はKさんの地元の山に伝わる謎のスポットで、昔、口減らしで赤ん坊を捨てる場だったとか、殺人事件の現場だとか、その筋の人間が死体を処分している所だなど、色々な噂のある場所だった。

山をしばらく登ると細い獣道があり、その先にあると言われているが、実際に辿り着いた人の話はKさん自身、聞いたことがなかった。

地元出身の母や祖母に尋ねても、母は噂を知っている程度。祖母は「あそこは何もないよ」と言うのみ。Kさん自身も小学生の頃に何度も山に通ったが発見には至らず、いつの間にか興味も失っていた。

だが高校生となった今ならば、新しい発見があるかもしれない——そう考えたのだ。

後日、朝日の中Kさんは自転車で山に向かった。昼や夕方は知り合いと鉢合わせる可能性があるし、夜に行って本当に危険な人間がいたら洒落にならないと考えてのことだった。

自転車を停めて記憶を頼りに山を登っていく。やがて獣道があるという話の場所まで到着すると、Kさんは周囲を見回した。すると朝日が差し込んだ先、鬱蒼《うっそう》とした草木の低い位置にトンネルのように奥へ続く道があるのが目に入った。

体勢を低くしてトンネルに分け入り、しばらく進むと突然視界が開けて、広場のような場所に辿り着いた。そこに祠が一つ、ポツンと建っていた。

「ここに間違いない」

Kさんは〝何もない場所〟に踏み出した。

最初に聞こえたのはパァン！　パァン！　という小さな破裂音だった。気がつけばKさんは先ほど獣道を見つけた場所に立っていた。しかし肝心の獣道はおろか、入り口のあった鬱蒼とした草木すらもそこには無く、ただ見通しの良い場所が広がっているだけだった。

「Kの所の孫だな」

背後の声に振り返ると、そこには猟銃を持った爺さんが立っていた。

面食らいながらもKさんが頷《うなず》くと、近づいてきた爺さんからいきなりゲンコツをくらった。そして二度とここに来ない、人にも話さない、と強く約束させられたという。

「だから〝何もない〟って言ったでしょ。よかったねぇ。戻ってこられて」

帰宅したKさんに祖母が掛けた言葉だ。

それ以来、Kさんは不定期に見る夢がある。体の感覚は無い。上下もない。声を出すことも、動くことも出来ない。そして視界にも何も存在しない。そんな場所の夢だ。そして目が覚める直前にはパァン！　パァン！　という破裂音が遠くで響くのだという。

光の集団　影絵草子

夏八木さんが祖母に聞いた話。

晩夏。秋の風が少し肌に感じられるようなある日の夕刻。

日は多少伸びてはいるが、夏の終わりであるから、八月などに比べると幾分か日は短い。

家への帰り道。ふと、薄い灰色と紫がかった空を見上げ、ぼんやりと立ち竦《すく》む。

すると、畦道の向こうから集落に住む見知った子供たちが数人、ぞろぞろと歩いてくる。

その顔はとても楽しそうだった。

普段は粗末なもんぺなどを着ているが、その日着ていたのは高そうな着物。

不思議なことにどの子供も同じ柄、同じ色の着物を身に着けている。

それが、夕映えの西日に照らされながら消えていく。

その姿はさながら、光っているようにも見えた。

ただ、祖母が子供たちが集団で歩いてくる光景を見ただけの話かと思いきや、そうではない。祖母が気になったことはもう一つあった。

子供たちの後ろから、同じ着物姿のずんぐりした体型の女がとぼとぼと少し距離をとりながら歩いていることだった。長い髪に隠れ、顔は確認できない。

（……あの女、何なんだろう？）

女がいることで、和やかな雰囲気の中に禍々しさを差し込まれたようで気味が悪い。

女はずっと子供たちのあとをつけていたが、そのまま一緒に消えた。

子供たちは口々に、「いいところへ行く」とか「楽しみだ」とか言っていたが、中でも「生まれ変わったら」と呟いていたことが印象的だったという。

子供と女の関係も、子供たちの奇妙な言葉の意味も分からない。

祖母が帰って親に聞いたところ、消えた子供の親の何人かは、子供が「ちゃんとお腹いっぱい食べられる場所に行く」ような意味合いのことを言っていたらしい。

「間引き」や「口減らし」という言葉がまだ生きていた時代の話である。

子返しの女

青葉入鹿

今から半世紀以上前、Tさんが子供の頃、父方の祖母が亡くなった。

祖母は群馬県の田舎で一人暮らしをしており、Tさん一家は揃って帰省し葬儀に参列した。

葬儀も滞りなく終わり、親戚が一堂に会している場で、祖母の家の相続について話し合われた。

結局、親族の中で残された家に住みたいという者はおらず、そのまま取り壊すことになった。家屋は壊すが、中の家財等は形見分けとして親族で分けることになり、今度はその話し合いが始まる。

延々と続く大人達の話し合いがつまらなくなったTさんは、他の親戚の子供たちと家の中を探検することにした。形見分けについて話す大人たちの影響もあり、探検ごっこは次第に宝探しへと変わっていく。天袋や押し入れ、色々なところを開けては珍しいものがないか探して回る。

そんな遊びの最中、Tさんは仏壇の引き出しから気になる物を見つけた。布にくるまれた木片は、かまぼこの板ほどの大きさで、女性の絵が描いてある。Tさんは俯いた女性を描いたその板が気に入って、父のもとへ持っていった。

父も親戚もその絵について何も知らなかったが、「母さんが大事にしまいこんでいたぐらいだからきっと値打ちものだ。大事にしろよ」と笑い、Tさんがそれをもらうことを快諾してくれた。

家財は売りそのお金を分けることで話がついたところで、Tさん一家は田舎をあとにした。

自宅へ戻ってきてすぐに、Tさんに異変が起きた。

夜寝ているとなんとなく寝苦しい。息苦しさは日を追うごとに鮮明になり、首を絞められる感覚へと変わっていった。

Tさんの不調は誰の目にも明らかで、両親も心配を募らせていた。

ある日の夜、Tさんは寝苦しさを感じながら、自分の首に手を置く女性の夢を見た。

（祖母の家から持ち帰った木片に描かれた女性によく似ているような気がする……）

翌朝、そのことを両親に話してみると、二人は木片の由来を真剣に調べ始めた。

しばらくして、祖母の家の近くに住む親戚から木片の由来が分かったと知らせが来た。

木片はかなり古い時代のもので、その地域の村では飢饉のために生まれた子を間引く、つまりは大人が生きるために口減らしをした際に、供養として、またその罪深さを忘れぬため母子像を描いて寺社へ奉納したものだという。

祖母の仏壇にあったのもそれと同じものらしいが、なぜか子供の姿は描かれていなかった。

木片は両親の手によって最寄りの寺で供養されたと聞かされた。

女だけの描きかけのようなものが、どうして祖母の手元にあったのか——。

経緯は分からずじまいなのだそうだ。

下見　青葉入鹿

サバイバルゲームのサークルに所属していた高田さんから聞いた話。

十年程前、現在のように競技用フィールド等ほとんどなかった頃、高田さんのサークルでは当番制でゲームのできそうな場所を見つけることになっていた。廃墟やスクラップ置場を探し、所有者に利用を認めてもらうまでが当番の仕事になっていた。ただ、所有者が分からないため、無断で利用してしまっていたこともしばしばだったそうだ。

高田さんが当番だった時のこと。県境の町から山へ向かう道の脇に、廃村になった集落があるという噂を聞いた高田さんは、まず地図で噂の地域を調べ、確かに集落があることを確認した。あとは肝心のゲームで利用できるか、である。高田さんは現地視察のため、早速次の休日に集落へと向かった。

山に向かう道を進み、橋を渡った所を曲がり、川沿いを下っていくと茅葺《かやぶ》き屋根とまではいかないが、たしかに年季のはいった納屋《なや》と広い庭を携えた日本家屋がぽつぽつと並んでいた。しかし、どの家にも住人の姿はなく、生活の気配も感じられなかった。庭は膝下まで伸びた雑草に覆われ、割れた屋根瓦の隙間からは草が生えている。

高田さんは集落の端にある、住民の憩いの場であっただろう広場に車を停めた。

ぐるりと集落を歩いてみるが、誰とも会わず、音も聞こえない。噂どおり、廃村になっているようだった。高田さんは隘路《あいろ》に囲まれた平屋に目を付けた。廃れた家を眺めながらも気持ちは浮かれていた。なにしろ屋内戦や市街地戦として使えるフィールドがタダで使いたい放題なわけだから、穴場を発見したことでかなり興奮していた。

縁側の枠だけになった掃き出し窓から中に入りこむ。生活感はなく、床の抜けている部屋もあった。

奥の仏間にはこの家の先祖であろう男女の写真が飾られていた。その鋭く無機質な視線がふと高田さんを我に返した。とたんに薄ら寒いものが背筋を駆け上る。

無人の集落に一人でいることが急に不安になり、足早に車に戻る。帰る前に念のためにと爆竹を鳴らし、エアガンを打つ。山間の集落によく響いたが、やはり人の気配はなかった。

後日、仲間達と集落に訪れた高田さんは激しい違和感に襲われた。集落じゅうに伸びていた雑草は消え、子供の遊ぶ声まで聞こえる。車を停めた広場から出ると、迷彩服に着替えた一行を数人の住民が、何が始まるものかと遠巻きに窺《うかが》っていた。

ゲームは当然中止。狐につままれたような気分だったが、仲間達も、高田さんが嘘をついて決まりを破るような人間ではないと解《わか》っているので、責められることはなかった。

高田さんは、自分だけが見た集落の姿をカメラに残さなかったことを今も後悔している。

水音と鳴弦《めいげん》　しのはら史絵

富山市八尾町《やつおまち》で開業していた、下《した》の茗《みょう》温泉。

十代目富山藩主である前田利保《まえだとしやす》が愛用した御用所としての記録が残っており、幕末時代の日本画家・木村立嶽《きむらりつがく》が制作した『富山藩領山方絵巻《とやまはんりょうやまかたえまき》』にも、利保一行が下の茗温泉を訪れた様子が描かれている。

このように歴史ある温泉地であったが、バブル崩壊の影響もあったのだろう九〇年代中頃から客足が途絶えはじめ、九九年に閉館されたという。

下の茗温泉は八尾の山間部、渓谷を見下ろせる崖の上に建築された旅館だ。まだ営業していた頃の写真を見ると、入母屋《いりもや》造りの堂々たる建物が色鮮やかな紅葉に囲まれ、得も言われぬ風情がある。これぞまさしく秘湯の湯、といった趣《おもむき》だ。

けれども現在、建物はほぼ崩壊し、旅館の周囲は倒れた木や藪《やぶ》に覆われ、敷地内でさえ足を踏み入れることは困難である。

「僕が行ったのは二〇〇四年頃でしたから、今みたいに建物も崩壊してなかったんですよね。さほど苦労もなく入れましたよ。ええ、許可は取っていません、不法侵入です」

そう苦笑いをしながら話してくれたのは、廃墟マニアである富士川《ふじかわ》さんだ。

高校時代、写真部に所属していた彼は、同じ部活の先輩から借りた廃墟の写真集を見て、その美しさに衝撃を受けた。以来、荒廃した建造物が醸《かも》し出す妖《あや》しい魅力に取り憑かれ、リスクを冒《おか》してまでも写真を撮り続けている。

「朽ち果てていく美しさ。ここで人が生活していたんだなあって、ノスタルジーも感じるんです。心霊？　そんなものは信じていませんでしたよ……あの日まではね」

あの日、というのは富士川さんが社会人になって二年目の夏の話だ。

有休を取り、同じ廃墟マニアであった柏原《かしわばら》さんという男性と下の茗温泉に向かった。

現地に到着したのは朝の七時過ぎ。肝試しに来るようなヤカラはいないであろう朝を狙った。

富士川さんたちの読みは当たり、旅館の周囲には車が一台も停まっていなかったという。

窓ガラスは全て割れていたので、容易に建物内に入ることができた。

怪我防止のため、撮影を始める前に床が抜けている所はないかと階段を上がり、全ての部屋を確認した。また、一階にある離れに続く渡り廊下も通り、浴場にも入ったが、危険と思われる箇所は特に見当たらなかったという。

館内は荒らされてはいたものの落書きも少なく、そればかりか当時使われていた物が多く残されていた。座布団や座卓、茶碗に湯飲みに布団、マッサージチェアや冷蔵庫や電話まで——家電はさすがに壊れているだろうと思ったが、修理すればまだ使えるレベルに見えた。

おまけに部屋のベランダからは橋が架かった雄大な渓谷が一望でき、最高の眺めであった。

「ここ良いよなあ、手入れすれば住めるんじゃね？」

「じゃあ、お前が買い取って住めよ」

そんな軽口を叩けるほど、当時の下の茗温泉は廃墟マニアにとってなんとも言えない味わい深さがあったという。

「ツタが生い茂っている洋室もあって。そこに外からの日差しが入ると、ディストピア感がすごいんです。〇ブリの世界観って言えば、分かりますかね？」

興奮した二人は嬉々として撮影を開始した。

柏原さんは三階から、富士川さんは一階からと二手に分かれた。

富士川さんが玄関、調理場、大広間、と順番にカメラにおさめていくうちに、ふと異変に気がついた。

奇妙な音がするのだ。じっと耳を澄ましていると、ぴちょん、ぴちゃぴちゃぴちゃと、音がする。

近くに民家などはない。最初はこの旅館のすぐ下にある川のせせらぎか、とも思ったが違った。

調理場で誰かが水を貯めたたらいの中で手を動かしているような、いや違う、ぴちゃぴちゃという水音は反響して聞こえてくる。僅かではあるがエコーがかかっていた。

あ、風呂だ。

風呂に入っているときは音が響く。この水音は浴場から聞こえてきているんだ。

先ほど全部屋確認したときは、二人以外誰もいなかった。それから新たに人が入ってきた気配もない。ということは、三階にいるはずの柏原が離れの浴場に行っているのか。

だが、浴場に行っていたとしても、廃墟と化した今では源泉も止められているはず。不穏な空気を感じた富士川さんは柏原さんに連絡をしようと携帯を取り出した。しかし、ここでは携帯の電波が入らず電話ができなかった。仕方なく三階に行き柏原さんを探したが、彼の姿はどこにもなかった。

「二階にも行ってみたんです。もちろん柏原の名前を呼んで、探しましたよ。でも、どこにもいないんです」

やはり離れにある浴場にいるのは柏原なのか。

いったいなぜ、何が起きているんだ。

襲ってきた嫌な予感を打ち消そうと、富士川さんはそっと浴場に足を進めた。

音を立てぬよう渡り廊下をそろそろと歩き、浴場の目の前まで来た。

その間、浴場に近づけば近づくほど水音がはっきりとしてくる。

音の出所は女湯であった。

閉められた浴場のドアに耳を当てると、ぴちゃぴちゃという音の他にバシャバシャと身体に湯をかけているかのような音、おまけに湯桶をタイルに置いたようなカコーンという音も聞こえてくる。音だけで判断することになるが、まるで複数の女性が入浴しているようだった。

明らかに浴場にいるのは柏原さんではない。第一、最初に確認したときは、窓ガラスも全て割られ、カラカラに乾いた湯船の中にはガラス片や落ち葉、そしてほこりが積もっているだけだったはず。源泉がまだ出ているとしても、とても入れる状態ではなかったのだ。

背筋に冷たいものが走った。その瞬間「おい」と背後から小声で呼ばれ、富士川さんは飛び上がらんばかりに驚愕したという。

振り向くと、そこには青い顔をした柏原さんが立っていた。

「お、お前、どこに行ってたんだよ」

富士川さんがそう尋ねると、「それはこっちのセリフだ」と返された。

どうやら柏原さんも三階での撮影中に奇妙な音を聞いて、富士川さんを探していたらしい。

ただ一つ違う点は、柏原さんが聞いていた奇妙な音は水音ではなく、ヴァイオリンとも三味線とも言い難《がた》い、はっきりとはわからないがなにかしらの弦楽器の音色であった。

「弦楽器？　水の音じゃなくて？」

「そうだ。今もそこから聞こえてるだろう」

そう言いながら柏原さんが浴場のドアを指さすと、水音がピタッと消えた。

浴場での人が動いていた気配もなくなり、辺りは静寂に包まれていた。

「柏原と顔を見合わせました。二人とも震えて声が出なかったんですけど、一秒でも早くここを出ようって、目の合図で分かったんです。幸い持ち込んだ荷物は、メッセンジャーバッグに入れて身体にかけていましたから」

逃げ出そうとした瞬間だった。

浴場のドアが、ぎいぃ、と音を立てながら開いた。

その場を動けなくなった二人は、見てはいけないと分かっていても、吸い込まれるように中を覗いてしまったという。

さほど広くない脱衣所には湯気が立ち込めていた。脱衣所と洗い場を仕切る開き戸は開いたままで、その先の洗い場は湯気により見えづらかった。

「しばらくの間、二人して呆然と見ていたんです。そしたら柏原が突然中に入ってしまって……」

止める間がなかった。浴場内に入った柏原さんは首から下げていたカメラを使い、一心不乱に洗い場を撮っていった。

「おい、さすがにヤバいって」思わず富士川さんも中に入り、撮影を止めさせようと柏原さんの腕を掴《つか》んだ。

そのとき、洗い場の様子がはっきりと目に入ったという。

割れていたはずの窓ガラスは復元し、閉まっていた。湯船にはなみなみと湯が入り、床に敷かれたタイルも濡れている。

一人も浴場にはいなかったが、寸前まで誰かが入っていたのは明らかであった。

「おい、逃げるぞ！」

「嫌だ、俺は撮り続ける！」柏原さんは富士川さんに掴まれた腕を払いのけると、なにかに取り憑かれたようにシャッターを押し続けた。

「もうどうしようもなくて。だから、正気に戻るようにあいつの頬《ほほ》を殴ったんです。そしたら、撮るのは止めたんですけど、ぼーっと突っ立ったままになっちゃって」

とにかく、ここから逃げなければ。

富士川さんは柏原さんを抱えながらも、必死になって外に出ることができた。

途中、得体の知れないモノによる妨害があるのではないかとひやひやしたが、なにも起こらなかったそうだ。

「で、柏原を車の後部座席に乗せてしばらく走っていたら、〝あれ、俺なんで車に乗ってるの〞って声が聞こえてきて。あいつ、急に目が覚めたように正気に戻ったんです。運転しながらだと説明しにくいと思って、その日予約していた宿に向かいました」

部屋に入り、浴場での柏原さんの様子を伝えると、とても驚いていたという。

彼の記憶は脱衣所で、もうもうと立ち込める湯気を見たところで止まっていたのだ。

そのあとの浴場での記憶は全くなく、未だに思い出せないでいるそうだ。

「それから答え合わせじゃないけど、柏原が洗い場で撮った写真を見ようってことになったんですよね」

カメラの液晶モニターに、下の茗温泉で写した画像を出していく。

画像の切り替えボタンを押し続け、三階を撮影したものからようやく浴場での画像に移り変わったが、出てきた画像はどれも窓ガラスが割れた廃墟と化した洗い場の風景であった。

果たしてあれは夢だったのか——。

唖然としながらも、浴場で撮った画像の全てが同じようなものだろうと二人は考えはじめていた。宿に着いて恐怖も薄れていたと思う。すっかり油断していたのだった。

画像の切り替えボタンを惰性のように次々に押していくと、妙なものが写り込んでいるのに気がついた。

機械的にボタンを押していた指が、ふと止まった。

「えっ」

浴場の画像の一枚に、禿頭の男の顔がアップで写り込んでいた。よっぽど怒っているのだろう、獣のように歯を剥き出しにして、二人を睨《にら》んでいる。

仰天し震えあがった彼らは、その場で全ての画像を消去したそうだ。

あの日以来、柏原さんは廃墟の写真を撮ると、必ず禿頭の男性が写り込むようになった。それが嫌で、廃墟には行かなくなってしまったという。

今も廃墟を撮り続けている富士川さんは、浴場だけは撮らないようにしているそうだ。


ここからは後日談として、富士川さんが語ってくれた話を紹介する。

「僕が水音を聞いていたのに、柏原に聞こえていたのは弦楽器だったじゃないですか。で、その正体不明の弦楽器が気になって、あとから調べてみたんですよ」

どこから手をつけていいのか分からなかった富士川さんは、とりあえず下の茗温泉がある八尾町の歴史や文化を調べることにした。

するると、越中八尾には長く唄い継がれている〈越中おわら節〉という民謡があり、伴奏には日本の民謡では珍しく胡弓《こきゅう》を使用していることが分かった。

越中おわら節の動画を入手した富士川さんが、さっそく柏原さんに見せたところ、下の茗温泉で聞こえていた曲が同じかは分からないが、この音色で間違いないとのことであった。

ただし、水音と胡弓の音、そして禿頭の男性、この三つの因果関係は未だに不明だそうだ。

はしらげの立つ村

丸太町小川

職場で知り合ったA氏の話。

昨日、A氏の祖母からA氏に電話があった。八十代半ばの祖母は泣きながら、さすがに限界だ、もう集落を出たいと訴えたという。

しかしA氏は、どうしてもそれに同意できない。感情を押し殺して「すまん。すまんが誰かが残らにゃならんけ、ダメじゃ……」

と言うのが精一杯だった。

A氏は四国の山間部、H集落の出身だ。市町村再編以前もH村と称していたこの村の歴史は古く、室町期の文献にもその名があるという。しかし急速に過疎化が進み、五年ほど前にはわずか三世帯が暮らすのみとなっていた。

五年前、A氏の家が集落を離れることになり、それを機に集落の今後について三家で話し合いがもたれた。Ｂ家も転居を検討しており、となるとＣ家も近い将来……という話になった。

異変が起こったのは、その翌日からだった。

まず鎮守社にある湧水が赤く濁り、井戸の水も同様に濁った。裏山からは地鳴りが頻発するようになり、獣の臭気が集落を覆う。

極めつきは、「はしらげ」が立ったことだ。

夕方になると、集落の周りに多数の黒い人影が立つ。四、五十人ほどだろうか。老若男女、子どもらしき人影まで、じっと静かに立って動かない。Ａ氏はそれを見て仰天したというが、両親や祖父母はこの現象を知ってはいたようで、

「ほんまにこんなことが起こるとは……」

などと冷静に畏《おそ》れていた。

再び三家で話し合い、修験者《しゅげんじゃ》を呼ぶことになった。迷信めいてはいたが、この地方では不吉な事があると地元の修験者に相談する風習が残っていた。

招いた修験者は、事情を聞くと憮然《ぶぜん》として次のようなことを言った。

この村を閉じようなんて、無茶な話だ。

この村が存《なが》えるために、どれだけの人柱を他所《よそ》からとってきたと思ってるんだ。村の繁栄のための祭祀はあんたらも伝え聞いているだろうが、閉じるための修法など伝わっていないだろう。せいぜいできるのは、誰かを「残す」ことだ。誰かがお柱を祀る鎮守社を護り続けないと、末代まで酷いことになるぞ。

結果、昔は村の有力家だったらしいA家から祖父母を残すことになり、その後、他の二家も集落を出た。はじめは納得していた祖父母だったが、最近ではどうしても村を出たいと訴えてくるという。

A氏の祖父母が不憫《ふびん》なことは言うまでもない。

と同時に私は、過疎化と人口減少が進む今後、こういうことが各地で増えてくるのではないかと思って恐ろしくなった。

てれんこしょって

丸太町小川

町内会長のSさんから聞いた話。

今年七十歳になるSさんは、集落の名家の長男だ。振り返るに、少なくとも経済的には恵まれた人生だったと嫌味なく語る。

そんなSさんが大学生として都心に暮らしていたある夏、集落に帰省して何をするでもなく畦道《あぜみち》を歩いていると、急に後ろから、

「うめごど、てれんこしょってがら……」

と声を掛けられた。

「え？」

驚いて振り返ると、そこにはなんとも見窄《みすぼ》らしい格好のA君が無表情で立っている。

A君はかつて集落に住んでいた親戚で、Sさんとは同い年だった。叔父の家の長男で、

Sさんとはまさに瓜二つといえるほどよく似ていたが、幼い頃から不思議と交流がなかったという。たしか小学三、四年の頃、叔父が相場で失敗したとかで多額の負債を抱え、夜逃げ同然に集落を去ったのだが、その後のことをSさんはよく知らない。

突然のことに戸惑っていると、驚くまいことか、A君は眼前でふっと消えてしまった。

狐につままれたような心持ちでいたが、二日後の晩にかかってきた一本の電話で合点がいった。

なんでもA君が亡くなったのだという。

電話をとった家族は詳しいことを何も教えてくれなかったが、おそらくA君が自分の前に姿を現した時間が臨終の時だったのだろう。

これが「虫の知らせ」というものか。

Sさんには初めてのことでもあり、なんとも言えぬ後味の悪さが残った。

帰省を終えて大学に戻り、さして興味のない「民俗史学概論」の講義を受講していた際、Sさんは戦慄して目の前が真っ白になったという。

配布された資料を瞥見《べっけん》すると、なんでも地方では双子が出生することを不吉と考え、それなりに格のある家で双子が生まれた場合、それを隠してどちらか一方を親類の家——たとえば祖父母やおじの家——で養育する例が見られたとある。そのような差別的な風習が、案外最近まで残っていたというのだ。

Sさんの中で、点と点が線で繋がった。

なぜ同じ集落で同い年のA君と仲良くなる機会がなかったのか。なぜA君の近況や死因を家族の誰もが自分には教えてくれなかったのか。そしてなぜ、A君が今際《いまわ》の際《きわ》に自分の前に現れたのか。

「うめごどてれんこしょってがら、というのはね、今風に言うと『上手いこと入れ替わりやがって』なんて意味なんですよ」

と語るSさんは、今となっては事情は知れないが「A君には恨まれていたようだ。自分は極楽には行けないいな」と言って茶をすすった。

双児　久田樹生

野添さんが成人式を終えた後だ。
この頃の彼女は大学生で、実家を出て学生マンションに住んでいた。
実家がリフォームするというので、残していた荷物を取りに行く。
ついでに片付けを手伝っていると、アルバムが何冊も出てきた。
家族のスナップを収めたものだった。
両親と自分、両家の祖父母などの懐かしい姿に、思わず顔が綻ぶ。
赤ちゃんだった自分の姿を目にして、笑いが零れた。
父親譲りの眉や、母親そっくりの鼻など、今でも変わらない部分があったからだ。
そして小学校に入学した辺りから、国内旅行の写真が増えた。
確か、この頃家の経済状況が好転したのだ。

家に入る給料が上がるにつれ、近場の観光地から、伊豆、大阪、伊勢、阿蘇、沖縄へと、旅行先が広がっていることがアルバムから伝わってきた。

確か、一年に一度だったから、小学校を卒業する年が沖縄だ。

中学一年では海外へ行ったが、その次から北海道や屋久島など国内へ戻った。

（面白いなぁ）

じっくり写真を眺めていて、ふと気付いた。

旅行中の写真で、野添さんが独りで写っているスナップが必ず一枚ある。

多分、娘だけを捉えたかったのだろう。

ただ、その後ろ、少し離れた場所に似たような背格好の女の子が写り込んでいる。

髪型や服装も――いや、ぼやけているが、顔つきも似ているように見えた。

ポーズすら似通っている。

どの旅行先でも自分が単独で写されたものの後ろに、同じようにそっくりな女の子がいた。どれもピントが手前に合っているので、後ろの子はボンヤリとしているが、どう見ても自分に瓜二つの雰囲気がある。

立ち位置はその度に違っていたが、共通なのは見切れそうな場所に佇んでいることか。

ただ、海外へ行ったときだけ、その姿がない。

説明しながら両親に見せると、驚いた顔を浮かべた。

「本当だ。なんだろうな、お前のコピーみたいなのが、後ろに居るみたいな」

おかしな偶然なのかなぁと唸っていた父親の横で、母親が小さく叫んだ。

「あ！　ここ、これ見て。あ、これも」

自分と、自分に似た雰囲気の女の子が写った写真の全てに、手首から先がひとつ写っている。大きさはまちまちだが、基本的に小さい。

フレーム外より手首から先だけが、伸ばされたような状態で、位置は一定ではない。指はほっそりしている。ぼやけた状態だが、辛うじてそれが左掌だと分かった。

偶然だとしてもなんだか気持ち悪いと母親は顔を顰《しか》めた。父親も眉根を寄せている。

場を取り繕《つくろ》おうとしたが、偶々《たまたま》だと言うには難しい。

母親がアルバムの頁《ページ》を何度も捲《めく》った。そして、再び声を発した。

「……これ」

子供だった野添さんが、旅行先で独りだけ写っている例のスナップの一枚を指差している。何がこれなのか分からない。

ほら、ここ、と母親の人差し指の先をもう一度見た。

今度はすぐに気がついた。

向かって左、頬の辺りに小さな黒い点があった。

少し歪《ゆが》んだ楕円《だえん》だ。黒子《ほくろ》のようだった。

両親は顔を上げて、野添さんの顔を見詰めた。そして、アルバムを捲る。

「やっぱりない」

写真の野添さんにも、今の彼女にも頬に黒子はなかった。

ただ一枚、この写真——阿蘇で写されたものだけが、頬に黒子があった。

だとしたら、この阿蘇旅行で写っているのは誰なのか。プリントミスか単なる汚れかと考えたが、そうは見えない。

後ろには似た女の子と手がある。

まさか、と厭な想像が働いた。

手前の子は自分ではなくそっくりな人間で、後方で佇んでいるのが自分——。

そんなことあるわけがないと考えたいが、どうしても不安は拭《ぬぐ》えない。

父親がアルバムを閉じた。まずは片付けが優先だと話題を変える。

それ以降、アルバムを開くことはなかった。


後日、実家へ戻ったときだった。

もう一度あの写真を調べようと両親に言うと、アルバムを出し渋る。

聞けば、怪しい写真は全部お焚き上げして貰った、と言う。

それでも、とアルバムを出して貰って頁を開いた。

自分が独りで写ったスナップは全てなくなっていた。それ以外にも空きが幾つかあった。

どうしたのかと問えば、それもお焚き上げされていた。

あの変な手が入っていたらしい。

ふと思いついて、ネガかデータが存在しているか訊いた。

当時はすでにデジタルカメラ全盛で、ＳＤカードとＤＶＤ-Ｒで保存していたと、父親が答える。そしてしまった、という顔を浮かべた。データもお焚き上げしてもらうべきだったと唸る。宥《なだ》めながら、出して貰ったデータをノートパソコンで読み込んだ。

野添さんと両親は我が目を疑った。

旅行写真のデータは全て残っており、独りで写されたものも存在していた。

ただ、どれも後ろに似た女の子は写っていなかった。

そして黒子も手も存在していなかった。


それから少しして、もうひとつ気付いたことがある。

野添さんの成人式の写真だ。

友人に自分のスマートフォンを渡し、撮って貰った一枚だった。

振り袖姿の自分が中央に立っている。

そこから少し離れた後方に、ツーピースの白いスーツを着た人物が写り込んでいた。最初は誰かの保護者かと思った。

しかし、よく見れば顔の下半分だけが大きくぶれている。

その目はレンズを睨んでいるように感じた。いや、そうなのかは分からない。

画像の被写界深度が深く、奥まで割とハッキリ写っているはずなのだが、その人物だけが周囲よりかなりボケていたからだ。

見れば見るほど、背格好が自分に似ている気がした。

厭だなと思いつつ、目が勝手に探す。

画面端に細い指を持った手らしきものがあった。

画面左から、す、と一瞬差し込まれたような左掌だった。やはりそれもぼやけていた。

◆

依田さんは舅《しゅうと》、姑《しゅうとめ》を連続で看取った。

家で寝たきりの舅が逝ってから、約一年後に同じく寝たきりだった姑が亡くなった。

専業主婦だった彼女にとって、いつもお世話をしていた義理の両親を看取ることが出来たのは、当たり前の話だったのかも知れない。

夫は仕事で死に目に会えなかった。

今も酒が入ると、よく「親父、お袋が息を引き取る瞬間、立ち会えなかった」と愚痴をこぼす。依田さん自身、自分の父母の死に際に間に合わなかった経験があるから、その気持ちは痛いほどよく分かった。


子供を送り出した後、夫婦二人の家は寂しくなる。

特に、平日の昼間はしんと静まりかえるのが堪らなかった。

義理の両親が生きていた頃は、それなりに賑やかだったと思う。

元々夫婦と二人の子供だけで住む予定だったところを、夫たっての願いで義父母を迎え入れた。義理の両親と軋轢《あつれき》がなかったわけではない。それでもなんとか上手くやれていたという自負はある。

静けさの中、義父母が健康な頃から使っていた部屋へ入ってみた。

庭側にある、日当たりの良い部屋だ。そして家の中で一番広い。介護ベッドを二つ入れても十分なスペースがあった。ほぼ同時期に認知症になった二人を世話するため、そのまま介護ルームとしたのだ。大きなベッド二つに多くの介護用品が置かれ、環境が少し劣悪になるが、仕方がなかった。

二人の臭いが染みついている。そのうち、ここも客間か他に利用できるようにしないといけない。夫に相談しないと、そんな風に考えたときだった。

窓の外に、義父母の顔が浮かんでいた。

真っ昼間の燦々《さんさん》と輝く太陽の下、顔面だけがそこにある。

また出たの、と溜息が出そうになった。

いつもと同じく、向かって右が舅で、左が姑だ。

何故か髪の毛は一本もなく、皺だらけの顔が苦しそうに歪んでいる。

こうなってしまうと、どちらも似た顔だ。

元から似た容貌の夫婦だと言われていたらしい。見ようによっては双子みたいだ。

死ぬ少し前から、二人はこんな面構《つらがま》えになっていたことを見る度に思い出す。

義父母の顔は、同時に窓に近付いてはすぐ後ろへ弾《はじ》かれたように遠ざかる。

中に入れないようだ。

何度も繰り返しては、苦渋に満ちた表情を深めていった。

それはそうだろうと思う。

(生きているとき、あれだけのことをしてくれたから)

今は地獄にでもいるのだろう。

顔の存在を無視して、依田さんは部屋を出た。

顔は、他の窓には出なかった。生きていた頃、自分たちの部屋だった場所に執着しているのだろうか。

顔が現れだしたのは、姑が死んでからだ。

舅はひとりだと大人しいが、姑といると暴君になる。こんな状態になっても、その性質は変わらないのだ。呆れる他ない。

夫は、この顔を二度ほど見たことがあった。

一度は日曜の午後。もう一度は平日の夜だ。

何か用があったのだろう、夫が元義父母の部屋へ入ったときに目撃している。

そのどちらのときも、腰を抜かして悲鳴を上げた。

〈外に、干からびた猿の顔が二つ浮かんでいる。大声を出したら消えた〉と。

彼には、自分の親の顔が分からず、干からびた猿に見えるらしい。

考えてみれば、夫は自分の両親の死ぬ間際、要するに末期の顔を見ることは少なかった。

仕事を理由にしていた上、殆どの世話を妻である依田さんに押しつけていたのだから。

親の顔を猿と間違えるのも、当たり前か。

夫は〈この家は祟られている、呪われている、だから親父とお袋が早くボケて、死んだのだ〉と逆上した。

そして、月一でお祓いを頼むようになった。

それで義父母は入ってこられなくなったのかどうかは知らない。そういった知識に乏しいので、理屈は分からないと依田さんは困った顔を浮かべた。

一応、今もお祓いは続いている。

そして、義理の両親の顔も、偶に窓の外に出ている。苦しそうな表情も変わらない。

早く諦めたらいいのに、と彼女は素直な気持ちを吐露した。

◆

浅木志緒理さんは三十の声を聞いた。

彼女は一卵性双生児で、妹が居た。名前を志保、と言う。

とても仲が良く、常に同じような物を好むほどだった。

例えば音楽や映画、本の趣味も一緒であるし、食べ物や飲み物の嗜好《しこう》も同じだ。

芸能人どころか、ひとりの異性を同時期に好きになるケースもあった。

ところが、高校に入った辺りから、趣味嗜好に差が出てきた。

顔は似たままだが、髪や服など好みの差が出たためか、言わないと双子と認められないことすら起こるようになった。

進学先も別々だ。

志緒理さんが実家近くの大学へ行けば、志保さんは遠い関西の大学へ入った。

この頃になると、誰もが双子だと思わなくなった。

それほど、かけ離れた外見になっていた。

姉妹仲も微妙な空気になっていたのは否めない。


ところが、大学を卒業した後、志保さんは実家へ戻ってきた。

志緒理さんが入った会社の同業他社へ就職が決まったからだ。

以前のように父母と四人で暮らしていると、次第に志保さんと志緒理さんは同じようなビジュアルになっていく。趣味嗜好も似てきた。

社会人二年生の頃になると、志保さんの同僚が間違えて志緒理さんに声を掛けてくることさえ増えた。逆もまたしかりだった。

仲の良い双子の姉妹が戻ってきたと、友人知人は喜んでくれた。

志緒理さん、志保さんが社会に出て三年目の冬だった。

家族旅行へ出かけた。

島根県から鳥取県にかけてレンタカーで移動する、のんびりしたものだ。

家族四人水入らずの旅はとても楽しい思い出になった。

二泊三日の旅程を終え、関東へ戻る。

午後二時過ぎだったはずだ。空港から自家用車に乗り換え、帰路に就いた。

途中、志保さんが友人宅近くで降ろして欲しいと頼む。

実家からそこまで離れていないので、一度戻ってはどうかと言うが、首を縦に振らない。

お土産を渡してくるから、と荷物の準備を始めた。

その友人は志緒理さんとも付き合いがある同級生だ。

後から一緒に行こうと言うのだが、志保さんは何故か突っぱねる。

外は小雨が降り出していた。

父親が「なら、行ってきなさい」と了承し、送り出した。

その時、志緒理さんは車から降りる志保さんの後ろ姿をスマートフォンで撮影している。

動画モードだった。

理由はない。強いて言えば、志保さんは自分のコートを借りて着ていたから、か。

だからなんとなく撮った。ただ、カメラだと思っていたら、動画モードになっていたので慌ててストップした。だから数秒しか映っていない。

このコートは旅行用に奮発して買った物だった。特徴的な可愛いデザインが気に入っていた。旅行初日に下ろすのもよくなさそうなので、会社へ二回ほど着て行っている。皆、似合うと褒めてくれたのが嬉しかった。

この後、志緒理さんは両親と家に戻った。

しかし志保さんはいつまで経っても戻ってこない。

雨が強くなっていた。志保さんが訪ねた友人に電話を掛けるが、お土産をくれたらすぐに帰ったと言う。

志保さんのスマートフォンは、車に残されたバッグにあった。

だから当人に連絡も出来ない。

一晩過ぎても、志保さんは戻ってこなかった。

当然、警察へ届けた。

だが、足どりは杳《よう》として掴めない。事件に巻き込まれたのか、それとも自分の意志で居なくなったのかですら、分からなかった。

最後に偶然撮っていた動画も警察に渡している。

このとき、志緒理さんのコートだったことが問題視された。

もし誘拐などであるなら、双子でよく似た志保さんが志緒理さんのコートを着ていたのなら、犯人が間違えてしまった可能性がある、と。

志緒理さんは自分にも責任があったと自身を責める日々が続いた。

しかし志保さんは戻ってこない。

ところが警察は一転して事件性なしと結論づけたようだ。この辺りの事情をいろいろ聞いて、ある程度納得出来た。ただ、捜索活動は継続されるようだった。

この後、時々悪戯電話が掛かってくるようになった。電話の向こうで若い女性がしおらしい声で「志保です」などと言う。

両親が呼びかけると「バァカ！」と吐き捨てて切るのだ。

その度に、家にいる全員の心が削られた。

あれから時だけが過ぎ、志緒理さんが二十八歳の頃だった。

時々だが夢に志保さんが出てくるようになった。

あの日のコートを身に着け、こちらを向いて立っている。そして、両手で顔を隠してさめざめと泣いていた。

どうしたの、大丈夫なの、戻ってきたのと抱きしめるところで目が覚める。

起き上がると両頬に涙が流れていた。

両親に話すと、真面目な顔でこんなことを言った。

「志保が帰ってくる前触れの良い夢かもしれない」

お前は双子の姉だから、何か魂が繋がっているかも知れない、と。

しかし何度妹の夢を見ても、志保さんは戻ってこなかった。


志緒理さんは二十九歳になった。

同じ誕生日の志保さんも、同じく二十九歳になっているはずだ。

三十になる前に、戻っておいで、事情があってもなくても、と念じながら眠りに就いた。

そして、妹の夢を見た。

いつものコートだが、顔を隠していない。今の志緒理さんそっくりだった。

ただ、少し痩《や》せているかもしれない。

志保さんは志緒理さんの両手を握った後、ゆっくり片手を離し、床を指した。

そこにスマートフォンが落ちている。

画面に、文字が浮かんでいた。

〈しおちゃん、もうけっこんして〉

実は、志緒理さんは願を掛けていた。

志保さんが戻ってくるまで結婚しない、と。付き合っている男性は、それに納得し、待ってくれている。

駄目だよ、これは願掛けだからと言えば、志保さんは悲しそうな顔になった。

そして、もう一度スマートフォンを指した。

マップアプリが起動していた。


そこで目が覚めた。辺りはまだ暗かった。

ボンヤリしていると、誰かの啜《すす》り泣きが聞こえた。

部屋の何処からか響いている。

微《かす》かで、耳を澄まさないといけないほどの音量だ。

廊下の方からと分かり、ドアを開ける。

その途端、泣き声は消えた。

呆然としているとき、ふと夢の内容を思いだした。

振り返ると、いつもベッド脇に置いているスマートフォンがテーブルの下にある。

(床の上)

思わず拾い上げ、ロック画面を解除すると、マップアプリが起動している。

目的地が表示されていた。

北陸の日本海側、その海沿いだった。

もちろん、寝る前にそんなところを検索していないし、アプリも全て消している。

当然、浅木家や志緒理さん、志保さんに関係がある土地でもなかった。

状況が状況だった。もしかしたら、志保さんが何かを伝えようとした可能性がある。

何かの間違いで消えてはいけないと、県名や周囲にある目印になりそうな地名などをメモしておく。念には念を入れて、スクリーンショットも撮った。

そのまま両親を起こすと、夢で見た内容を全て話し、マップを見せた。
家族三人休みを取ると、その日のうちにマップの目的地を目指す。
飛行機とレンタカーを使って辿り着いたのは、日本海を望む場所だった。
観光地でもなんでもない、ただの海でしかない。
辺りを探し回ったが、志保さんの姿は何処にもなかった。
気がつくと、スマートフォンのマップがおかしくなっている。
目的地が日本海の中になって、そのまま固まって動かなくなっていた。

今も志保さんは戻っていない。
だから三十歳を越えた志緒理さんは結婚していない。
一日も早く、志保さんが戻ってくることを信じて、今も家族は待っている。

ホテル廃墟

神沼三平太

以前富山県で知り合った長谷《はせ》さんという、当時七十代後半の男性から聞いた話をしたいと思う。

ただ、ここしばらくのコロナ禍の中で、筆者は関東から富山県に向かうこともできず、彼とは再び会えずじまいのままになってしまった。彼は脳梗塞《のうこうそく》の後遺症でリハビリの病院に通っていたが、県外の人間と会うと、病院に二週間行けなくなってしまうからと面会を断り続けていた。

そうこうしているうちに、彼の身体には各所に転移したがんが見つかり、あっという間に世を去ってしまった。もはや、彼の話がどこまで真実であったのか、また彼があえて触れなかったことについても、検証することもできない。それでも怪異体験の傍証《ぼうしょう》として、この話を書き残しておく価値があろうと考え、あえて筆を執ることにした。

「もちろん坪野鉱泉での失踪事件のことは知ってます。でもそれだけじゃなくて、他の、ほとんど外に出てないような話もあるんです」

長谷さんはそう切り出すと、坪野鉱泉が廃業してから神隠し事件の起きる前に発生したという一連の事件について話し始めた。

「確かあのホテルが廃業したのが一九八二年のことだったと記憶していますが、それからほんの数年の間に起きた話でして。あのあたりはずっと暴走族の溜まり場になっていたんですが、今よりも荒れ方はマシな感じでした。当時はそんなに知られていなかったんですよ。でも次第に県外の暴走族も来るようになって。今はガラスも壁もひどい有り様でしょう」

富山県魚津市のいわゆる〈北陸最大の心霊スポット〉とも呼ばれる坪野鉱泉だが、彼の指摘通り、一九八二年（昭和五七年）に廃業したホテル坪野の廃墟を指すことが一般的だ。現存する廃墟は、北陸道からは車で十五分もあれば到着する。令和三年現在、ホテルの敷地は立ち入り禁止の金属柵のバリケードで囲われているが、魚津市の史跡である坪野城跡の北西に当たり、周囲は丘陵地帯で田畑が広がっている。

このスポットは九〇年代の後半から、「神隠しホテル」などと呼称されてきた。これは一九九六年（平成八年）五月に富山県氷見市の十九歳の女性二人が肝試しに行った末、消息を断つという事件が起きたからだ。なおこの事件はその後長らく未解決だったが、二〇二〇年（令和二年）に、富山県射水市にある伏木富山港の海底から引き上げられた軽自動車内から発見された人骨や遺留品から、失踪した二人と特定されたことは記憶に新しい。

「あの事件も、ホテルの廃墟で暴走族に乱暴されてから殺されて埋められたんじゃないかとか、北朝鮮に拉致されたんじゃないかという噂もありましたね。実際、あの場に連れ込まれて乱暴された女性は少なからずいるという話は聞いています。今回お話しするのは、そういう内容です」

暴走族の絡む話であり、一方で地元の有力者の関わっている話でもあるため、あまり表立って話題に上がることのなかった話だという。当時は警察関係者であった長谷さんは、なるべく自分から聞いたと分からないようにして欲しい——そう前置きすると、坪野鉱泉に関する話を手短にまとめてくれた。

ホテル坪野の怪談としては、敷地内に設置されていたプール施設「ネッシーランド」で男の子が溺死したことに由来する怪異がよく知られている。

その事故以来、ホテルの経営が悪化して廃業に至り、オーナーは自殺して、今も敷地内を彷徨《さまよ》っているというのが一般的な話のようだ。他にもその男の子の霊が彷徨っているという説もある。

オーナーはプールの更衣室で首を吊ったという噂もあり、またホテル内にあったオーナーの部屋で縊死《いし》したともされ、大浴場に行く途中の中二階で首を吊ったという話や、ボイラー室で焼身自殺した、屋上から飛び降り自殺したというものまである。

だが、これらに関しては失踪して現在も行方不明という内容が事実らしい。

つまりそれぞれの怪談話は、事実とはかけ離れている。創作とデマが混じり合い、訪れる人を脅《おびや》かすような怪談として伝わるようになって久しいのだろう。

そう指摘すると、長谷さんは頷いた。

「他県の方ですが、ずいぶんとお詳しいんですね」

「それも仕事ですから」

長谷さんは筆者の答えに声を出して笑い、地元の人間でも正しく理解している人は少ないですよと続けた。

「デマはですね。自然に出てくるんですよ。というか、暴走族とかは怖いところに行けばハクがつくってことで、自分達が肝試しとか根性試しに訪れたところを、なるべく怖いところにしたがるんです。だからデマが色々と重なるようになるんです。ただ――」

「ただ？」

「坪野鉱泉に関しての噂の一部は、あのホテルを根城にしていた暴走族のチームによって作られたデマのように思います。実際に関係者からはそう聞いていましたから」

　この発言は、長谷さんが北陸最大の心霊スポットに関する噂の発信元と繋がりがあるということを意味する。それではその関係者にも渡りをつけて欲しいと、筆者が下心を隠そうともせずにお願いすると、彼は少し戸惑ったような顔を見せた。ただその表情はすぐに寂しそうな表情に変わった。

「もうその子もこの世を去ってしまったので、紹介もできないんです。ただこれから話す一部始終は、その子から聞いた話でしてね。そうですね。その子の名前を仮に春雄としておきましょうか」

「春雄の所属していた暴走族――ここではチームAとしておきましょうか――は、あまり人数が多くなかったみたいです。構成員が十人から十五人ほど。中には先ほどちょっと触れたように、他のチームとはちょっと毛色の違う人間、具体的には総合病院に勤める医者がいたらしいんです」

医者が所属している暴走族チームという点に驚かされた。

暴走族にとって身内に医者がいることのメリットは大きい。他のチームとの抗争などで大きな怪我をした場合などに、処置してもらえるからだ。ただ、今回の場合は町医者ではなく、総合病院に勤めていたという。そうなると勝手に施設は使えない。

「この医者が、病院から麻酔薬を持ち出したのが、今回の話の発端になります」

長谷さんによると、その総合病院が現在の建物に移転したのは一九八三年のことだという。一体どこの総合病院かを訊いても良いかと尋ねると、彼は即座に教えてくれた。

その名称を聞いて再び驚かされた。その病院については、筆者も色々と怪異体験談を聞いていたからだ。元々は一部の市民から、「死人病院」と揶揄《やゆ》されるほどに雰囲気の暗い病院だったようだ。さらに幽霊の目撃例も多く、その後の解体工事の最中にも色々な怪異が起きたと聞いていた。

話の腰を折ってしまったが、念のためにその幽霊に関する話を披露すると、長谷さんは呆れたような感心したような声を上げ、「本当にお詳しいんですね。そんな人、地元にもいませんよ」と柔和な表情を見せた。

「病院が移転する際に、麻酔薬がなくなったという話は聞いていたんです。運送会社の方では適切に運んだっていうので、これは何者かによる窃盗事件だという話になったんですよ。警察の方でも捜査が行われたんですが、結局は犯人も薬も見つからなかった。もちろんこれも表には出てこない話ですが、私はそれに関して、たまたま知ることができまして」

彼は沈痛な面持ちを見せた。

「春雄が全部教えてくれたんですけども、チームAはこの麻酔薬を使って女の子に乱暴した後に、記憶を消していたんです」

八〇年代後半のある年。七月のことだった。

「そろそろ行くぞ」

その夜、春雄はゲームセンターで遊んだ後で、連れの龍二と一緒にホテル坪野に行く予定だった。当時はまだ携帯電話どころかポケベルもなく、連絡は固定電話を使って連絡網を流す形式だった。自宅の部屋に固定電話を引いていた春雄は、チームの連絡役として重宝されていた。

春雄はいわゆる不良である。

商業高校にも入学したが、教師とソリが合わずにすぐに退学した。だから学歴としては中卒で、今は工事現場で働いている。年齢は十六歳。現場でも最年少だ。

本人としても頭は良くないと自覚している。元々勉強とは相性が悪かった。テストでいい点を取れたことなど一度もない。

富山弁でいうところの「だら」（馬鹿）だ。

趣味は仲間と改造バイクで暴走することだ。稼いだ金は、だいたいそれにつぎ込んでいる。

「蒼太さんが入ってから、定期的に女とヤれるのはいいな」

龍二が言った。

蒼太さんとは、チームAに最近入ってきた幹部だ。総長と副総長の下、参謀という位置づけらしい。

「蒼太さん、医者崩れだって。だから喧嘩しても色々病院紹介してもらえるらしいぜ」

彼らのチームは富山市や高岡市を中心に活動している大規模な団体とは違い、ごく小規模な団体だった。レギュラーのメンバーは十人程度だ。総長副総長と参謀、あと一人が四輪車で、あとは単車乗りばかりが揃っている。いや、もしかしたら下っ端の春雄の知らないところで、もっとたくさんのメンバーがいるのかもしれないが。

国道八号線を爆音の排気音を轟《とどろ》かせ、サーキットのように走り抜けるのが爽快だった。もちろん喧嘩もやる。ほとんどが腕っ節に覚えがある野郎どもなので、暴行や恐喝だって普通のことになっている。

碌《ろく》なものではないというのは分かっている。分かっているが、そこから先は考えない。ずっと心が落ち着かず、むしゃくしゃしているからだ。

富山県は「暴走族」という呼称の発祥の地だ。富山市の城址大通りで起きた騒ぎが元とされている。

昭和四八年の警察白書によれば、「昭和47年4月末、富山市中心街に端を発した暴走族騒ぎは、6月から9月にかけて、高岡、小松、金沢、岡山、福山、高知、今治、高松など北陸、中国、四国の地方都市に波及した」（以上、原文引用）とされている。暴走族の前身となる「サーキット族」が誕生し、その後「暴走族」や「狂走族」と呼ばれるようになった。同書によれば、昭和四七年には富山だけで暴走族千人弱が検挙されている。

「――今夜は女連れてくる奴いるかな」

龍二が熱に浮かされたような表情をする。

最近は、あのホテルがヤリ部屋代わりになっている。

「蒼太さんが後の処理をしてくれるからな」

「でもあのホテルのマット、ダニいねぇか。尻食われちまって、まだ痒《かゆ》いんだよ」

そんな話をしながら夕飯を腹に入れ、富山市から魚津を目指す。

蒼太さんか――。

バイクを運転しながら春雄は、謎の多い彼のことを考える。

そもそも彼はなんで暴走族に入ったのだろう。

金だって持っているだろう。女だって取っ替え引っ替えのはずだ。

俺たちのように、どこかにやりようのない不満を溜め込んでいるのだろうか。

職業が医者だというが、それが本当だとしたら、彼にとっては、俺らのような愚連隊と付き合うメリットがないように思う。

龍二が言っていたような、女の記憶を消すことができるというのは本当なのか。医者だったとしたら、そんな荒唐無稽《こうとうむけい》なこともできるというのか。

考えれば考えるほどよく分からない。

ただ先週の女は、蒼太さんが「処置」した後に魚津の海岸に捨ててきた。女を素っ裸のまま浜に放置してきたのだが、それ以降大きな騒ぎにもなっていないようだ。

なぜ騒ぎになっていないかが分かるかというと、チーム内で警察無線を盗聴しているからだ。

これも蒼太さんが来てから導入された技術だ。

総長も副総長も蒼太さんのことを凄いと絶賛している。

確かに凄い。最近は無線を傍受するだけでなく、妨害だって入れることができる。

妨害を適切に入れられれば、警察を出し抜くことができる。根城にしている幾つかの施設からも、巡回が入る前に逃亡することができる。

地方の警察は大都市ほど人手がない。そこが狙い目なのだと蒼太さんは言っていた。事件をでっち上げれば、そちらに人員を割かざるを得ないのだ。しかも、アナログFMの警察無線は、隣県の警察無線と周波数に互換性がないといった話まで教えてくれた。

全く謎の人だ。だが、チームの誰よりも頭が良く、人当たりも良い。

それに、チームの活動資金のカンパも凄い額だったという噂だ。

こうなると総長も副総長も、参謀の蒼太さんに頭が上がらない。

暴力以外の全部を蒼太さんが持っているということは、このチームは実質彼のチームじゃないか――。

そこまで考えて、これ以上は踏み込んではいけないと気がついた。

難しいことは考えるな。今まで難しいことを考えて良かったことなど一回もなかったじゃないか。

暴走族は、ただのバイク好きの仲良しグループではない。序列があり、その序列は絶対なのだ。

三十キロの距離なら三十分とかからずに着く。

国道八号線からなら、魚津の県道六七号方面に右折し、あとはひたすら登っていけば、ホテル坪野に到着する。

周囲は何もない。照明灯もない真っ暗な山道をうねりながら進む。ガードレールはあるが、その向こう側は崖という剣難《けんなん》な道だ。

暗闇の中に排気音が響いているのが聞こえる。他のメンツも集合している頃だ。

ヘッドライトに照らされているのか、ホテルの建物がぼんやりと浮かび上がっている。

県道から道を入ってホテル前に出る。振り返ると、眼下に遠く魚津の街の夜景が見えた。

一階のロビー前に集合する。

「今日はいい女いるかな」

「龍二はそればっかだな」

正直なところ、春雄も一度参加したが、相手が酔っぱらっているような感じで、正直あまり面白くなかった。

だが、龍二はハマっているようで、同じようにそれが忠誠心につながっている奴もいる。

これも蒼太さんの計画の一環なのだろう。

そもそも富山には娯楽が少ないのだ。

廃墟のホテルは荒れてはいるが、少し手を入れればまだまだ現役で使えそうな状態だ。

タバコに火をつけてしばらく仲間と話をしていると、白い車が現れた。蒼太さんの車だ。

助手席に総長が乗っていた。

車の前に隊列を作る。

後部座席には二十代の女性が二人乗っていた。彼女たちはいつも通りひどく酔っぱらっているのか、廃墟を見てもあまり反応を見せない。既に蒼太さんが「下処理」を済ませているらしい。

「今日は二人。どっちも好きにして良いです。後処理は僕がやるから、適当に扱って」

彼も総長も、女との遊びには混じらないようだ。

宴は深夜まで続いたが、騒ぎに耐えかねた近隣の住民が通報したのか、警察無線に坪野鉱泉を巡回する旨の連絡が入った。

周囲が騒然とする中、二階で総長と話をしていた蒼太さんが立ち上がった。

「女の子と遊んでる奴ら呼んで。ついでにあの子たちを捨てに行くから」

気絶したようになっている女の子たちは、二台の四輪車に積載されていった。

パトカーのサイレンの音が近づいてくる。

今夜はこれで解散だ――。

「――春雄が私のところに来たのは、その年の秋のことでした。私の職業が警察関係だったことと、子供の頃にリトルリーグの指導などで相談に乗ってやったことが理由らしいんです。信用してくれていたってことなんでしょうか」

長谷さんは中学を卒業する頃から騒音を撒き散らすバイクに乗るようになった春雄のことは認識していたが、彼が家を訪れ、相談に乗ってほしいと頭を下げたことには少なからず驚かされたという。

「こちらもその蒼太という男性のことを調査している最中だったんですよ。その中で春雄の言っていることが証言になるわけです。でも――」

その調査は途中で打ち切られることになった。長谷さんは詳しくは語らなかったが、上から政治的な圧力があったらしい。

「打ち明けられた話は、ほとんど怪談話みたいなものでした。不良一人の言葉ですから、どこまで本当なのか分かりません。ただ、彼はそれを信じてましたし、その挙句に一人でこの世を去ることを選んだのです」

長谷さんは、頼ってきた子供を護ることができなかったことを後悔していると言った。

春雄が長谷さんに相談に訪れたのは、九月に入ってのことだった。

「ご無沙汰しています」

不貞腐《ふてくさ》れたように頭を下げる十六歳。その顔には昔の面影があったが、なぜ彼が自宅までやってきたのか、まるで想像がつかなかった。

彼の目にはすこしの怯《おび》えが見え隠れしている。

「久しぶりだな。どうした。元気でやってるか」

「あ、はい」

嘘だ。この子は昔から嘘をつく時に目が泳ぐ。

「今日はどうしたんだ。お前が俺のところに来るなんて珍しいじゃないか」

「先生、助けてください」

縋《すが》るような目で、彼は話し始めた。


開口一番、彼はうちのチームが呪われているのだと言った。呪いなどあるはずないと言い返そうとしたが、そこはぐっと堪《こら》える。

春雄はチームAという集団に所属しており、週末に魚津の廃ホテルで集会を繰り返していると語った。

その中で幹部の一人である蒼太さんという男性が、女の子を攫《さら》ってきてはメンバーに乱暴を繰り返させており、事前事後になんらかの薬物を使って記憶を消しているという。

「そうか。春雄、その時の女の子の様子は分かるか」

「なにか酔っぱらってるみたいだった。でも、アルコールの匂いはしないんだ」

「そうか――」

何度繰り返したかと訊くと、過去に五、六回はあったと答えた。

「長谷さん、それで副総長が死んじまったんです」

死んだとは穏やかではない。

彼の説明によれば、深夜に走っている時に、副総長のバイクが急に大きく蛇行を始めたらしい。目の前の何かを必死に避けようとしているような運転の末に後輪が滑り、そのまま対面から来た乗用車に突っ込んだ。運良く命には別状がなかったが、彼はその事故で腕と脚を骨折し、病院に担ぎ込まれた。その際に、副総長は先週の女に襲われたと、怯えた声で何度も繰り返したという。

「先週の女って、あのカマキリみたいに痩せて背の高い女だよな」

　龍二は怯えていた。女を捨てに行くために蒼太さんの車に同乗したのは、龍二だったからだ。

「だら言うなよ。幽霊でもあるまいし」

　春雄はそう言ったが、ここのところ、副総長がやけに怯えていたのが気にかかった。女を見たというのは、錯乱でもしたのか、それとも本当に何かあったのか。

「龍二、その女、どうしたんだ」

「その女のアパートの前に捨ててきた。ビールの空き缶とか潰して何個か置いておいたし、たぶん酔っぱらって記憶を飛ばしたってことになるんだと思う」

　龍二は、その女が好みだったらしく、ひどく執着し、どうせ蒼太さんが後始末をしてくれると、全身を汚し尽くしたと自慢げに語った。

　だがその後、春雄と龍二が話を聞き集めたところによると、その女はアパートに戻ったその日に、自室で首を括《くく》って死んだらしい。

　そのことを知った龍二は青い顔をした。

「俺、恨まれてるかなぁ」

「そんなの知るかよ。蒼太さん次第だろ――」

龍二は大丈夫だろう。副総長以外に女が出たのを見た奴はいないのだ。

本来なら、ここで幹部が招集をかける場面だろうと、メンバーの誰もが考えていたが、何故か総長は動かなかった。

そして、次に入ってきたのは、総長自身がバイクで事故ったという話だった。

こちらも自損事故だったが、彼が壁に突っ込んだのは見通しのいい道路だった。富山には珍しい快晴の真昼間で、彼の技量で事故が起きるような状況ではない。

目撃者によれば、総長は急に何かを避けるように蛇行を始め、ノンブレーキで壁に突っ込んでいったとのことだった。

事故の様子が副総長と同じなのが気になった。

最後は龍二だった。

彼は事故を起こした後で、近くの公衆電話から春雄に電話を掛けてきた。

「春雄、気をつけろよ。やっぱりカマキリだ。今俺の後ろにいる――」

「どうしたんだ龍二。蒼太さんがしくじったのか」

「あの女の幽霊だ。バイクの前に出てきやがった。それで前が見えなくて、しくじっちまった。あんたも白い車に乗ってたよねって。俺は捨てに行くのに乗っただけなんだよ。なぁ、春雄。俺悪くないよな。全然悪くないよな！」

その直後、龍二は電話口で叫び声を上げた。

呼びかけても返事をしない龍二に、繰り返し声をかけていると、十円玉が切れるブザーの後ろで、女の声がした。

「次は春雄。あんたの名前覚えたから」


翌日、龍二が死んだと電話が掛かってきた。

「それで蒼太さんは、参謀はどうしてるんですか」

「全然連絡つかないんだよ」

副総長の事故以来、チームの誰も蒼太さんの姿を見ていなかった。

その夜遅く、入院していた副総長が亡くなったという話が電話で回ってきた——。

そこまでが、春雄の語った顚末《てんまつ》だった。

彼は恐怖で顔を涙でぐしゃぐしゃにしながら訴えた。

「先生、助けてください。最近、俺の家の周りを、あの女がぐるぐる回ってんですよ。お前が春雄だろって。俺自身は、あの女に乱暴とかしてないんですよ。誰が俺の名前を教えたのかも全然分かんないんですよ」

俺、龍二や幹部の人たちみたいにはなりたくないんですと、必死に頭を下げる春雄の姿を見ていると、長谷さんにもなんとかしてやりたいという気持ちが湧いてきた。

「そうだな。今夜から俺の家に泊まってもいいぞ。あとお前、警察でその辺の話、もう一度言ってくれるか。俺ができるだけお前のことを守ってやるから」

春雄はしゃくり上げながらありがとうございますと何度も頷いた。

「それじゃ、荷物ちょっと持ってきますから。すぐに戻ってきますから」

彼はそう言い残すと、排気音を響かせて自宅に戻っていった。

そして二度と戻ってこなかった。

「ずっと春雄のことを待っていたんですが、夜になっても来なくてね。彼の実家まで様子を見にいったらバイクもない。どうしたのだろうと思っていると、二日して、春雄のお母さんから連絡が入りました」

春雄は何故か長野県の白馬《はくば》近くで自らの命を絶っていた。他に何も荷物らしいものは持っていなかったが、ポケットにあった免許証から身元が判明したという。

「――ところで、蒼太さんという方は、どうなったんでしょうか」

「ええ。その人の身元は分かってますし、今も存命です。ただ、それについては口外するわけにはいかないんですよ」

彼は「色々と事情がありましてね」と繰り返し、頑《かたく》なに蒼太さんについての情報を明かそうとはしなかった。これについては今後も知る術《すべ》はないだろう。

「そんなわけで、私の知っている坪野鉱泉の話はそこまでです。その翌年に私は退職しまして、あの場所を訪れることもなくなりました。そうそう。春雄の話してくれた事件ののち、だいぶ経ってから霊能者がホテルに侵入しての取材を拒否したというような話もあったみたいですが、当時の私は、あまりそういうことには興味がなかったので、それが事実なのかどうかは知りません。ただ、あの場所がオカルトスポットとして名前が高まったのは、この事件から何年か後だったはずで、肝試しなんかも多くなっていった覚えがありますよ」

彼はそこで一旦話を区切ると、指折り数えて次の項目を挙げた。どれも今に至るまで知られている、坪野鉱泉を訪れる際のタブーだという。

曰く、
自分の車で行ってはいけない。

白い車で行ってはいけない。

ドアを開けるときは気をつけなくてはいけない。

一人になってはいけない。

自分の名前を言ってはいけない。

「実はこの中で、白い車では行かない方がいいっていうのは、私も信じてるんです。まだ退職する前の半年くらいの間に、何度かそういう目にも遭いましたから――」

長谷さんは、真っ直ぐこちらを見つめながら、穏やかな口調でそう結んだ。

山の中で　久田樹生

リモート取材にも慣れてきた頃だった。
知人から数ステップ踏んだ先の男性に話を伺う機会を得た。
名前を村野さんという。
モニターの向こうに居たのは、まだ若い男性である。
住んでいる地域独特の言葉やイントネーションがあった。
『……ちょっこ、変な話で、自分でもわけが分からないのですが』

◆

その日、村野さんは細い山道を登っていた。

夏の晴れ渡った空だが、直射日光が首や腕を刺す。喉《のど》が異様に渇き、ボトルから繰り返し水を飲んだ。左右に並ぶ木々の木陰へ入ってみるが、あまり役に立たない。

暑い暑いと文句を言っていると、先頭を歩く友人が振り返った。

「もうへばったのか、村野？」

先に登山を始めた澤だ。

色黒で、体力があるタイプである。水を飲み過ぎるなと忠告された。

更に後ろにいた戸田山も同意の声を上げる。

「そんなんじゃ立山《たてやま》に挑戦できんぞ」

澤と戸田山は、村野さんの会社の同僚だ。

研修の後、同期同士の付き合いから友人関係が始まった。三人それぞれタイプが違うせいか、妙に馬が合ったのだ。

登山ブームが始まったとき、澤と戸田山は真っ先に飛びついた口だ。ギアを揃え、近場の山へチャレンジしている。素人同然の村野さんに比べ、山歩きにはある程度慣れていた。

この二人より後れて登山熱が上がったのが村野さんだ。

ハイキング程度はやってみたが、満足しない。

いつか立山へ登ってみたいと思っていた。

この目標を二人の友人に話すと、まずはトレーニングだと助言される。そのひとつだと、会社の夏休みにこんな山道へ駆り出された。

二人も初めて訪れる道らしく、先の予想がつかないと笑っている。

個人所有の山なら不法侵入になるはずだ。指摘すると澤が否定した。

「多分、大丈夫だ」

ここは入っても良いのだ、と笑う。理由を訊いた。

「この道、チェーンも進入禁止の表示もなかったから」

確かにそうだが、その理屈は少しおかしい気もする。が、黙っておいた。これ以上議論などする体力があるなら、温存したかったからだ。

(しかし、結構傾斜がキツいな)

この道へは、県道を山の方へ進んだ先、カーブミラーのある場所から入った。

軽く傾斜したそこは車を数台停められそうなスペースが設けられている。山と道路を隔てるようにガードレールが設置されている。その隙間に入り口が開いていたのだが、確かにチェーンや注意書きのある看板はなかった。

後ろから戸田山が言った。

「偶然見つけた所だけれど、なかなかよい山道だな」

彼らは偶に、知らない山の入り口を見つけては、こうして歩いているらしい。

今日は戸田山のSUVでやってきたが、道理で慣れた雰囲気があった。


きつい山道が続く。道は荒れており、あまり手入れされていないのか、それとも人の踏み込むことが少ないのか、どちらなのか分からない。

村野さんが休みたいと言い出す少し前、戸田山が立ち止まった。

何か臭うと顔を顰めている。澤も同意した。

「臭うな。鹿かな？」

二人が言うには、山を歩いていると時々野生動物の死骸に出くわす。病気か怪我が原因だろうが、大体が腐敗しているか白骨化しているらしい。

「臭いは近いんやがな」

戸田山は辺りを見回す。動物の死骸は見当たらない。

気になるな、と言いながら、藪に空いた隙間を見つけた。脇道のようだ。

入り口には人頭大の丸い石が落ちている。近くに崖はないので、転がってきたとは思えない。誰かが目印で置いたのだろうか。

「行ってみよう」

澤が先導する。残りの二人も後に続いた。

道の先は獣道に近い。人が整えたような雰囲気はなかった。

途中から張り出した枝や根っこで、さらに歩きづらくなる。藪を漕ぎ漕ぎ進んだ。

次第に頭上に被《かぶ》る枝葉も濃くなり、陽光を遮断していく。しかし涼しくならない。蒸し暑さの方が勝っている。

汗だくで進んでいくと、道の先が突然開けた。

そこは六畳ほどの広さがあったと思う。やはり木々のせいで薄暗い。周りをチェックしてみると、獣道以外に出口はなく、袋小路状になっていた。

地面には草が生えていたが、背の高いものは殆どなかった。

澤が声を上げた。

「なんや、あれ」

苦い顔で指を差した。空き地の隅に、得体の知れない物がある。

動物の頭蓋骨が積んであった。

少し雑だが、円錐形になるように狙って組んであるように見える。

大きさは外周がドラム缶程度で、高さは大人の膝くらいか。

誤解を恐れずに言えば、塚のようだった。

澤と戸田山が言うには、鹿と猪の頭蓋骨が大半を占めているらしい。

「あれ、これだけ違う」

近づいた戸田山が頂点に置かれた骨を指摘する。

それは牛の頭蓋骨だ、と彼は断言する。確かに左右に突き出す角があった。

「しかし、臭いな」

積まれた骨には一部肉や皮、毛が残っていた。

夏場の湿度と気温で傷んでおり、多数の蠅《はえ》が集《たか》っている。恐々近づき目を凝らせば、肉や皮の上を、肥え太った白い蛆《うじ》が這い回っていた。

村野さんは臭いに耐えきれず、鼻を覆い、口呼吸に切り替えた。

戸田山も口元を歪めている。

「……これかよ、臭いの元」

澤に至っては吐きそうになり、顔を背《そむ》けた。

一足先に臭気に慣れた村野さんは、積まれた骨を観察する。

どう見ても、人の手が加わっているとしか思えない。

「これ、人が作っとるやちゃ」

村野さんの発言に、戸田山が頷く。

「だよなあ。けど、なんで牛？」

他のは野生の鹿と猪だが、飾られるようにトップへ置かれたのが家畜の牛であるのはおかしいのでは？　わざわざここまで持ってきたのか？　と疑問を呈した。

確かにそうだと頷き掛けたが、ふと思いだした。

経済動物である牛は、ある程度成長した時、角をカットする。伸ばしっぱなしにすると周囲の牛だけではなく、人間にも危険が及ぶからだ。

一番上に載せられた牛の頭蓋骨はかなり大きく、大人に近いように見える。

だとすれば、ここまで成長するまで角切りをせずに育てたのか。

それに、人が意図を持ってこんな物を作ったのなら、これに何の意味があるのだろうか。

異様な雰囲気の中、澤が少し大きな声を上げた。

「おい、行こう」

村野さんは我に返った。三人は来た道を戻り出す。

だが、何故か道に迷った。一本道だったはずなのに、元へ戻れない。ここで分かったのは、澤と戸田山がそこまで山歩きの知識がないことだった。

スマートフォンを取り出してみたが、ＧＰＳが上手く拾えない。全員同じエラーが出ている。当然、現在の地点も取れず、どうしようもなくなった。

三人は焦った。もう一度あの骨が積まれた場所を目指す。

藪を押し分けながら進むと、視界が開けた。

三人、言葉を失ってしまう。

元へ戻っていない。似ているが、違う場所だとすぐに分かった。

何故ならば、骨の塚がなかった。

そして、入れ替わるように他の物が地面の上にあった。

ミニチュアの村だった。

大きめの石や小石、木切れ、煉瓦、コンクリートブロック、レゴブロック、プラ容器、布、枝、食品の容器、湯飲みや食器などを使い、村を構築している。否。見ようによっては街なのかもしれない。どちらにせよ、村か街、どちらかだ。

情景模型のようなものではないが、明らかに建物を模しており、更に道のような隙間で区画が区切られていた。

村の範囲はこの空間よりひと回りかふた回り小さい。だとすれば四畳半くらいか。よく見れば、理路整然と整えられた場所もあれば、子供のように自由な配置をしている部分も散見される。親子の合作のような雰囲気があった。

その村の中に、沢山の人形が置かれている。

古びた陶器の小さな人形、レゴの人形、キーホルダーから外されたようなマスコット、アニメキャラクターの小さなゴム人形など、種類はバラバラだ。

どう見ても通行人、住人を再現しているとしか思えない。

「これ、村?」

戸田山が誰かに訊くような調子で口を開く。

「ミニチュアの村、ぽいな」

澤は冷静にスマートフォンで写真を撮り始めた。

二人とも目の前の光景を村だと感じているのは間違いない。

村野さんは至極当然の忌避感を覚えた。

こんな山の中で、一体誰がこんな物を作ったのか。只の悪戯だとしても気持ちが悪い。

「ここに来た誰かの悪ふざけじゃねぇの？」

澤の指摘が的を射ていたとしても、理由が分からない。

黙ったまま立ち尽くしていると、澤が手近なブロックを足で蹴り壊した。

強めに蹴ったせいか、人形や村の一部が宙に舞う。

止めておけよと村野さんは忠告したが、聞かない。戸田山まで村を破壊し始めた。

気が済んだのか、澤は腕時計を見て、藪から出て行く。「一度登るしかねぇな」と元の道を使うことを諦め、獣道から外れつつ、山の上を目指した。

本来ならもう少し良い方法があるはずだが、その時は気付かなかった。

なんとか記憶にある道を見つけ、今度は下り出す。

道すがら、石の転がった藪の入り口はなかった。だとすれば、迷いに迷って上に登った筈なのに結局下ったことになる。これは後から分かったことだ。焦りや苛立ちからか、その時点で誰も気付いていなかった。

漸《よう》く、車を停めたスペースまで戻れた。

戸田山が困惑の声を上げた。

車のタイヤに嵌《は》めておいた輪留めが外され、横に転がっている。

それだけなら、この道を通った別の人間が悪戯でやったと想像出来るはずだ。

ところが、車そのものの位置が変わっている。

ここへ着いた時、戸田山は入り口に通じる部分を塞ぐよう、斜めに駐車した。

後から誰かが入りにくいようにという狙いだった。

ところが、入り口が開いた部分から若干車体が外れている。

もし輪留めが外されたことでタイヤが動いたのなら話も分かる。しかし、傾斜を登る方向で移動しているのだから、その理屈は通らない。

戸田山は慌ててリモコンキーで鍵を開け、車内を確かめた。

異常はない。オートマチックのシフトレバーはパーキングに入ったままだ。

違法な方法でエンジンを掛けた様子は微塵《みじん》もない。

それでも車の位置は変わっている。

考えられることといえば、大人数で持ち上げるか機械を使って吊り下げるかしかないが、こんな場所でそれをやる意味もない。

山の持ち主が警告でやるのなら、警告文を残すか、ここに残って待ち構えている筈だ。

山中での骨の塚やミニチュアの村と相まって、気持ちが悪くなってくる。

「早く、行こう」

戸田山の顔は硬い。村野さんと澤も同意し、さっさとその場を後にした。


――しかし、ミニチュアの村があった山から戻ってからだった。

不幸が続くようになった。

澤が右足で釘を踏み抜き、怪我を負った。

怪我を庇うように歩いたせいで、僅かな段差で転び、右足首を骨折までした。

頭を打ったこともあり、少しの間、入院することになってしまう。

退院後、今度は原因不明の高熱に悩まされた。

骨折が治ると熱は出なくなったが、今度は右の爪先から知らないうちに爪が剥がれ落ちた。気がつくと靴の中が血塗《まみ》れになっていたらしい。また、膝下にいつの間にか切り傷が生じて、出血したこともあった。これもまた右足だった。

戸田山は戸田山で、最初に右手の手首を捻挫している。

次に、手首を固定された状態で右手の指三本を突起に引っかけ、折った。

指の骨折中、原因不明の高熱に悩まされ始める。

右手が治った頃に愛車のSUVに乗ると横転させた。自損事故であったが、廃車にするほどのダメージだった。乗っていた当人も右腕を折っている。

事故の原因は、右から飛び出してきた大きな影を避け損ねたことだった。影は動物か人か分からなかった。怪我をした状態で外へ這いずり出たが、周りには何もなかったようだ。

廃車と骨折で意気消沈の最中、仕事中の事故で右手の中指を欠損した。これはギプスを着けた状態だったのに、ピンポイントで狙ったかのように機械で潰されたらしい。状況がよく分からないが、右手中指が失われたのは真実である。

村野さん自身も、偶に高熱を出すようになった。

右の肩と背中が異常に張るようになり、その影響で頭痛まで起こる。

加えて、足下を走る黒くて小さなモノを見るようになった。

形はよく分からない。ひとつの時もあれば、複数の時もある。

自分以外は視認出来ないので、幻覚の類いだろうかと思っていたが、似たものを澤と戸田山も認識するようになっていたことを後に知った。

満身創痍《まんしんそうい》の三人は、時間を見つけてファミレスに集まった。

これはおかしいと村野さんが言えば、他の二人も頷く。

実は、と澤がスマートフォンを取り出した。

幾度かタップして表示された画像は、あのミニチュアの村だった。

澤はこの写真を数名に見せていた。

まずは、他の山仲間の二人だ。

ひとりは女性だったが、自宅内で転倒し、右肩を脱臼する怪我を負った。

もうひとりは年下の男性だ。朝、この男性が出勤しようとしたところ、突然足腰が立たなくなった。気がつくと、右膝が考えられない方向へ曲がっている。しかし痛みはない。

友人に連れられ病院へ行くと折れていた。そこで初めて激痛が走ったという。

更にフットサル仲間の男性へ画像を送っていた。

画像を受け取った後の週末、この男性は自宅アパートで急死している。

発見者は同棲中の彼女で、少しの間コンビニへ行っていた間に死んでいたらしい。原因不明だが、事件性はないと判断された。この彼女は澤の知り合いで、直接事情を聞かされていた。

村野さんは絶句するほかない。

横に座っていた戸田山が吐き捨てるように言う。

「あの山に行ってからだ。ケチが付いたちゅうか」

彼は右手を隠すように、左手で握る。指の欠損以来出来た癖だった。

こういうのは信じたくないと、澤が否定する。

それでもここまで続くと気持ちが悪い。

村野さんと戸田山の説得で、三人揃って神社で厄払いをして貰うことを決めた。

御祓い当日、神社へ向かう道が工事や事故で渋滞を引き起こしていた。そこを抜けてもやたらと車が多く、中々スムーズに進まない。

やっとのことで辿り着き、漸く御祓いをして貰えた。が、その後も三人は黒く小さな影を見続けた。ある日、戸田山から村野さんに電話が掛かってきた。

『あの山へ、謝りに行くぞ。それしかねぇ気がする』

澤も同意していると聞き、すぐに了承したのは言うまでもない。

あの夏の日から優に一年以上が過ぎていた。

晩秋の休日、三人はあの山の入り口に居た。

戸田山のミニバンでここまで来た。廃車にしたＳＵＶから乗り換えたものだ。

お供え物として持ってきた一升瓶の日本酒が二本、澤の手に提げられている。

山は雪が降り始めたようだ。まだ雪深い状態ではなかったのが幸いだった。

傾斜した道を登っていくと、記憶にあった人頭大の石が出てくる。その真横に、藪への入り口が見つかった。

獣道を進んでいくと、広場状のスペースへ出た。

六畳くらいの広さは変わらない。だが、あの骨の塚がなくなっている。

場所が違ったのか。いや、目印にした石のところから入ったことは間違いない。

では誰かが撤去したのだろうか。

「……おい」

戸田山が左手で指差す先に、前にはなかった獣道がある。

場所が違う可能性が強くなってきた。澤がさっさとその獣道に入る。後を追った。

少し進むと、また広い場所に出た。
三人、声を失った。
ミニチュアの村があった。
だが、以前より大きい。前に見たものの二倍はあるように見える。
地面の面積も同じくらい広くなっている。
村自体も以前より整理されており、更に整った外観になっていた。
ただ、所々に動物の頭蓋骨が据えられている。
鹿、猪――そして牛。中には道を象《かたど》るように鹿の角らしきものも散見された。
呆気にとられながら、村野さんは村の周囲を歩く。
見覚えのないものが増えている。真新しい植木鉢やタイルなどのパーツ類だ。
それだけではない。
人形系も新しい物が加わっていた。
ゴム人形やマスコット、お菓子のオマケのようなものだが、汚れが少なかった。
「おいッ！」
澤が叫んだ。

彼が立っている茂みの中に、隠されるように動物の頭蓋骨が置かれている。

牛、鹿、猪であることは変わらないが、全て肉や皮が落とされ、綺麗に骨だけの状態だった。

中にはそれぞれの種類で二つずつ揃えて設置されたものもあった。

調べて見ると、頭蓋骨は村の四方を守護するように配置されている。

東西南北に合わせてあるかは分からない。

だが、明らかな人の意志、意図が滲み出ている。

澤は村の端に一升瓶を置いた。

全員で手を合わせる。心の中でただただ謝った。

どれくらい頭を垂《た》れていたか。

戸田山が声を上げた。視線の向く方に、何かがあった。

木の幹や枝に隠れているが、明らかな人工物だった。

道のない方向だったので、三人で藪を押し開きながら進む。

藪が終わった。そこも広場になっていた。

中央にあったのは、小屋だった。小さなプレハブを改造したような姿だ。

外は枯草の束や枝、緑色のネットで覆われ、巧妙に周囲と同化させようとしている。ミニチュアの村があった方向に向けて、四角い穴があった。分厚い辞書の背表紙くらいの大きさだ。プレハブの窓を改造し、穴を開けた板を嵌め込んだものらしい。

全員困惑するほかない。

裏に回った戸田山が二人を呼んだ。

そこには入り口らしきアルミの引き戸があった。鍵は掛かっていないようで、あっさり開く。そこから中へ入ってみた。

中には、パイプ椅子がひとつと、三脚的なものが幾つかある。あの四角い穴の所だ。椅子の座面に壊れた双眼鏡とまだ無事なオペラグラスが置いてある。

壁の一部に草の束や潰れた一斗缶が転がっていた。

床には携帯食料を食べた残骸と大きなペットボトルの空が多数放置されている。ペットボトルは安焼酎やウイスキーのラベルのものもあった。

錆びた鉈《なた》、のこぎり、包丁も見える。全て手入れが行き届いていない。

刃物の傍には他に、犬の首輪、赤茶けた鎖が絡まって落ちていた。鎖の横には犬猫のケージとプラ製の衣装ケースが空のまま設置されていた。

隅には新しいエロ本数冊や、空のレンタル用ＡＶパッケージが積まれている。

テレビや再生する機材はひとつも見当たらない。

エロ本の周辺には、色褪《あ》せた写真が散らばっている。

古いファッションの女性の全身や上半身、下半身だ。どうも隠し撮りみたいな雰囲気が漂っている。

よく見れば、床に点々と薄汚れた女性ものの下着が幾つかあった。

ブラジャーやパンツ、キャミソールやネグリジェ的なものも散見される。デザイン的に若い女性が好みそうな感じか。中には黒ずんで固まったような下着も混ざっていた。

このような雑多にものが詰め込まれている小屋の天井には、裸電球が粗い配線で取り付けられていた。電気が来ているかは分からない。

澤が小声で問いを発した。

「おい。これ、なんだか」

全部言わなくても分かる。

この小屋は監視小屋、或いは他の怪しい用途で使われていそうな小屋だ。

ここで誰が、何を、と戸田山は怯えた顔だ。

村野さんもすでに怖じ気づいていた。

ここに居てはいけない。三人は小屋を脱出する。

さっき見た村を迂回するように他の道を探した。スマートフォンのGPSを点けてみたが、前と同じくエラーを吐き出す。

仕方なく歩き回っていると、漸く獣道のようなところが見つかった。が、進んでいくと所々手作業で設《しつら》えたとおぼしきフェンスや、工事の立ち入り禁止簡易バリケードなどが出てくる。これも誰がなんの意図で設置したのか分からない。

そして長い草を結わえた罠なども地面に複数あった。しかし目で見て分かる。

明らかに人の侵入を拒む、それか入ってきた人間を捕獲する雰囲気だ。

前回は、一切こういうものに出会っていない。だとすれば、この辺りには踏み込んでいなかったか、それとも一年強の間に設えられたのか。どちらなのだろうか。

更に進んだ先、木々の根元、草に紛《まぎ》れるように横長の立て看板が放置されている。

歪み、曲がっている。少し古びていた。

〈ひとつしかない命。捨てないで〉

立て看板には、自殺を止めるような文言が踊っている。

隅には小さく電話番号や他の情報が書かれているが、市外局番含め、この辺りを表すものではない。

強烈な怖気が襲ってきた。

真っ先に逃げたのは澤だった。追いかける。長い時間を掛けて、明るい道に出た。

ここなら分かると、三人は一気に駆け下りる。

這々の体で出口を出た。

戸田山の車が停めた時と変わらない状態で置いてある。

が、車の後ろに、お供えしたはずの一升瓶が置いてあった。

誓って誰も持ってきていない。

澤は無言で一升瓶を山道の入り口に置く。

そして全員車に乗り込んで、逃げた。

◆

『それ以降、山には行かないと決めたんです』

モニターの向こう側で村野さんは続ける。

『そうしたらこんな状況になって、山どころか、出かけることすらしなくなりました』

彼が言うには、三人が全員、時折起こる高熱に未だ悩まされているらしい。

検査を受けてても陰性なので、ウイルスのせいではないことは確かだ。

そして、小さな影も目撃しているし、右側に集中する怪我も続いている。

リモートの画面越しに右手の怪我を見せられた。右掌にザックリと傷痕があった。

『最近、澤と電話しましたが……』

彼は、暗い顔で「死にたいに死にたい」と繰り返すようになった。

戸田山も指がなくなったことをしつこく言うようになった。「なんでこんなことに」と恨み節を織り交ぜながら、だ。

画面の中で村野さんは、右手で右側頭部を押さえた。

最近は偏頭痛と、右顔面の麻痺が時々起こるのだと教えてくれた。

原因は分からない。医者も匙《さじ》を投げている。

困るのは、麻痺が始まると口元が緩んで涎《よだれ》をダラダラ流してしまうことだ。手や腕、喉に垂れれば冷たさなどで分かるが、それ以外だとすぐに自覚出来ない。事情を知らない人から変な目で見られるのが辛い。頑張っているが、治らない。ホントに、死にたくなりそうですよ、と彼は顔の左側だけで笑った。

リモート取材の終盤、村野さんがポツリと漏らした。

『あのミニチュアの村と、小屋。まだあそこにあるんでしょうかね？　いや、あるんだと思うんですよ。きっと。小屋はどうか分かりませんが』

――ミニチュアの村があるのなら、もっと、大きくなっているような気がします。

【収録作一覧】

「禍地」しのはら史絵（書き下ろし）
「牛首トンネル」営業のK（ブログ「およそ石川県の怖くない話！」より）
「トンネルの果て」久田樹生（書き下ろし）
「何もない場所。」音隣宗二（第26回怪談マンスリーコンテスト優秀作）
「光の集団」影絵草子（第27回怪談マンスリーコンテスト優秀作）
「子返しの女」青葉入鹿（第35回怪談マンスリーコンテスト優秀作）
「下見」青葉入鹿（第30回怪談マンスリーコンテスト優秀作）
「水音と鳴弦」しのはら史絵（書き下ろし）
「はしらげの立つ村」丸太町小川（第30回怪談マンスリーコンテスト佳作）
「てれんこしょって」丸太町小川（第39回怪談マンスリーコンテスト優秀作）
「双児」久田樹生（書き下ろし）
「ホテル廃墟」神沼三平太（書き下ろし）
「山の中で」久田樹生（書き下ろし）

牛首実話怪談
収録者プロフィール

久田樹生（ひさだ・たつき）

作家。実録怪異ルポ、映画、テレビ、ラジオなどのノベライズ、他にて活動中。近著は『犬鳴村〈小説版〉』『樹海村〈小説版〉』に続く『牛首村〈小説版〉』。主な著書に『南の鬼談　九州四県怪奇巡霊』『「超」怖い話　死人』など、その他共著に『社畜怪談』『呪術怪談』、冬の「超」怖い話シリーズなど多数。

神沼三平太（かみぬま・さんぺいた）

神奈川県茅ヶ崎市出身。O型。髭坊主眼鏡の巨漢。大学や専門学校で非常勤講師として教鞭を取る一方で、怪異体験を幅広く蒐集する怪談おじさん。主な著書に『湘南怪談』『実話怪談　吐気草』ほか草シリーズ、共著に『実話怪談　玄室』『追悼奇譚　禊萩』『恐怖箱　煉獄百物語』ほか「恐怖箱百式」シリーズなど多数。

しのはら史絵（しのはら・しえ）

脚本家、怪談蒐集家。映像、ラジオドラマのシナリオを手がける傍ら、怪談会やイベントも主催。主な著者に『弔い怪談　葬歌』、共著に『怪談四十九夜　地獄蝶』『高崎怪談会　東国百鬼譚』『趣魅怪談～特殊趣味人が遭遇した21の怪異』『異職怪談～特殊職業人が遭遇した26の怪異』『お化け屋敷で本当にあった怖い話』。

営業のK（えいぎょうのけー）

石川県金沢市出身。職業は会社員（営業職）。幼少期から数多の怪奇現象に遭遇し、そこから現在に至るまでに体験した恐怖事件、及び周囲で発生した怪奇現象を綴ることをライフワークとしている。主な著書に『闇塗怪談　祓エナイ恐怖』ほか「闇塗怪談」シリーズ、共著に『呪術怪談』『実録怪談　最恐事故物件』など。

丸太町小川（まるたまち・おがわ）
京都と九州某所を拠点にフィールド・レコーディングや音響構成に取り組む傍ら、ヴァナキュラーな怪異を求めて身近の奇談・怪談を収集中。参加共著に『実録怪談　最恐事故物件』『呪術怪談』『怪談最恐戦２０２１』。

音隣宗二（おとなり・そうじ）
東京都出身。趣味は映画鑑賞。平均身長。平均体重。最近追いかけてきたアニメ作品が完結を迎え、ロス状態に突入中。参加共著に『呪術怪談』『鬼怪談　現代実話異録』『実話怪談　樹海村』『怪談最恐戦２０２０』。

青葉入鹿（あおば・いるか）
静岡県出身。行政書士として働く傍ら出会った人に身近な怪異を聞いてまわる。好物は民間伝承や土着信仰に潜んでいる縁起の悪い話。参加共著に『実録怪談　最恐事故物件』。

影絵草子（かげえぞうし）
関東在住、幼少期より怪談を収集し、数にして千以上。主に人間の狂気や情念が絡んだ怪談を好む。参加共著に『実録怪談　最恐事故物件』『鬼怪談　現代実話異録』『怪談最恐戦２０２０』。

実話怪談　牛首村

2022年1月27日　初版第1刷発行

著者……吉田悠軌、栗原亨ほか
デザイン・DTP……荻窪裕司（design clopper）
企画・編集……Studio DARA

発行人……後藤明信
発行所……株式会社 竹書房
〒102-0075　東京都千代田区三番町８－１　三番町東急ビル６F
email：info@takeshobo.co.jp
http：//www.takeshobo.co.jp
印刷所……中央精版印刷株式会社